元証券ウーマンの資産運用の話

お金が増える「ゆる投資」デビュー

ほったらかしで
運用するコツ
教えます！

さぶ

KADOKAWA

prologue

私が証券会社に入社した時は「貯蓄から投資へ」が掲げられている時代でした。
「お金が働いて稼いでくれる」、その恩恵を、投資している人だけが
享受できている世界がとても特別に思えました。
その特別な世界が、お金持ちの方だけではなく、一般の人…自分の両親や

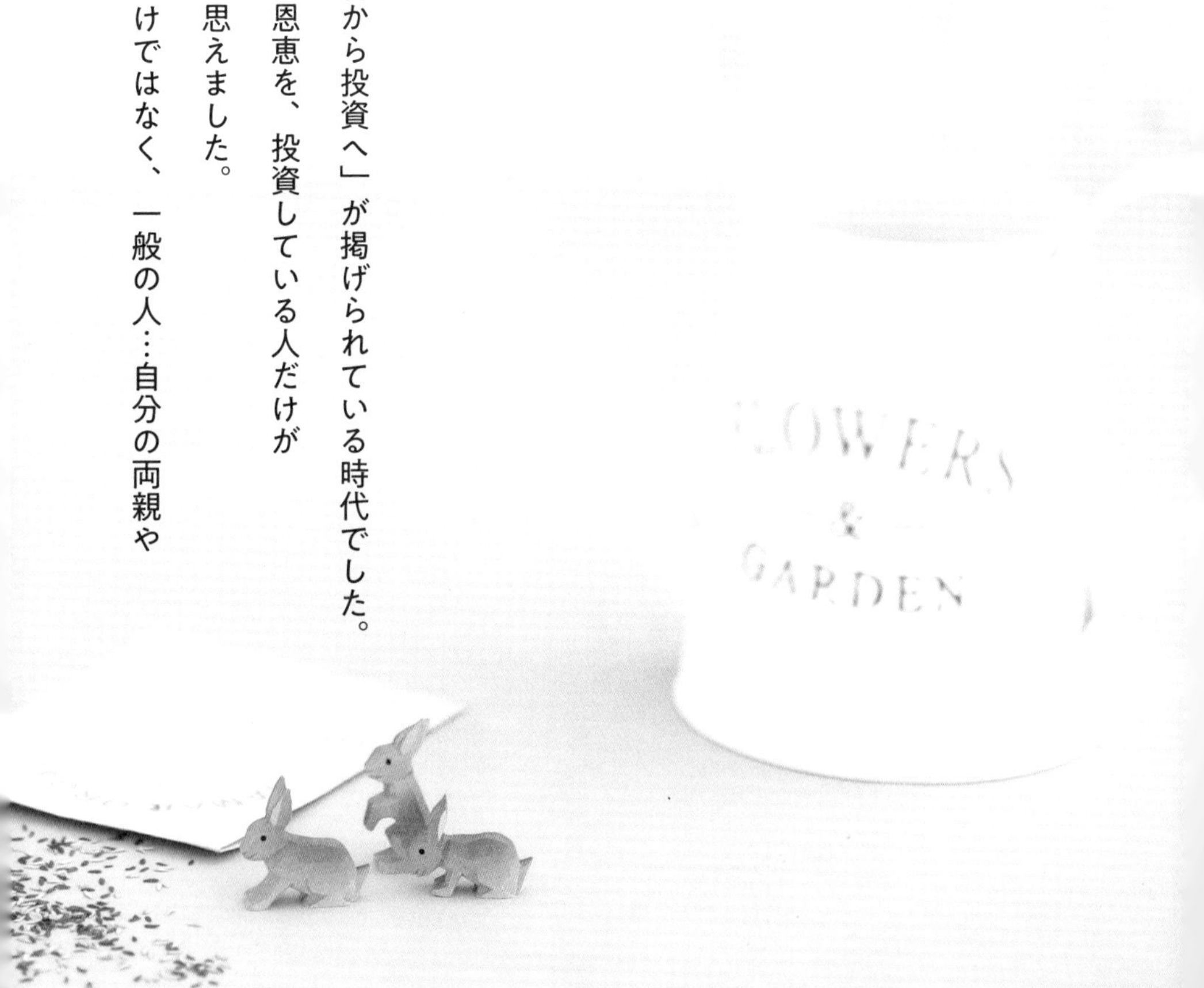

友人でも当たり前になればいいのに！と大志を胸に証券会社に入社しました。
10年の時を経た現在、若者から子育て世代までもが投資に目を向けています。
私も証券会社で投資の基礎を学んだあと、自分の資金で失敗と経験を経て
今ようやく、堅実に増やす方法を手に入れることができました。
それは、お金のことでドキドキしたくない、
子育て真っ最中で資金に余裕がない、投資に時間もかけられない、
そんな私でも安心して一生コツコツ増やしていける「ゆる投資」です。
地味ですが、じつは王道でまっとうな、お金を育てる方法です。
コロナ禍でおうち時間が増えて、少しお金に余裕ができた方、
むしろ、生活の不安が大きくなった方、将来が見えない方。
月5000円から、一生ものの投資スキルを手に入れませんか？
「難しそう」「大変そう」と思うかもしれませんが、そんなことはありません。
早く始めた人から、お金の不安が消えて自由になれます。

じつは王道！「ゆる投資」のすすめ

私が証券ウーマン時代に学んだ富裕層の考え方と
自らの試行錯誤でたどり着いた、幸せを呼ぶ投資のセオリーです

損を避けて、最後に勝つ！

簡単に大儲けできるものはありません。大きく儲かるものは大きく減る可能性を秘めています。ウサギとカメの物語のように、コツコツ型のローリスク投資のほうが最終的に増やせます。

手数料や税金に気を配る

真のお金持ちは、手数料、税金、利回りにとっても細かいんです。だから、私たちもiDeCoやNISAなど国の制度を利用して節税やコストをカットしましょう。手数料の安い証券会社選びも大切。

月100円、5000円、1株でも始められる

投資はまとまったお金がなくてもできます。むしろ、清水の舞台から飛び降りるような大金よりちょっとした余裕のお金で続けていくほうがリスクは低いし、投資が上手になります。

お金のために時間を使わない。ほったらかしにする

投資に時間を奪われて、大切なことを犠牲にしては本末転倒。また、頻繁に売買するとかえって損になります。積み立て投資の仕組みで自動運転にし、ふだんは忘れてラクしましょう。

シンプル・イズ・ベスト

投資は始めるのは簡単。でも、勝ち続けるのは簡単じゃありません。

自分の頭で仕組みを理解できるシンプルな投資信託と、大型株への投資がおすすめです。

愛せるものに投資する。おかげで毎日が楽しくなる

投資先を選ぶ時の原則は、自分の生活圏に密着していて、好きな企業、応援したい企業です。

株主優待という割引券やプレゼントがもらえたり。社会を見る視点が広がります。


未来の不安が消えて、楽しみが増えます。

「ゆる投資」デビュー、しませんか？

私の「ゆる投資」の軌跡

社会人になり、会社の確定拠出年金で投資を開始。転職後はFXに手を出し、50万円の損失に。結婚後は夫婦ともに貯金ゼロで、第一子が誕生しました。焦って家計を見直したら、確定拠出年金が増えていたのを発見。育休中はNISAで株式投資にチャレンジし、復職後はつみたてNISAに切り替え、ほったらかし。それでも、お金が働いてくれる、投資の恩恵を感じています。

現在の内訳は…

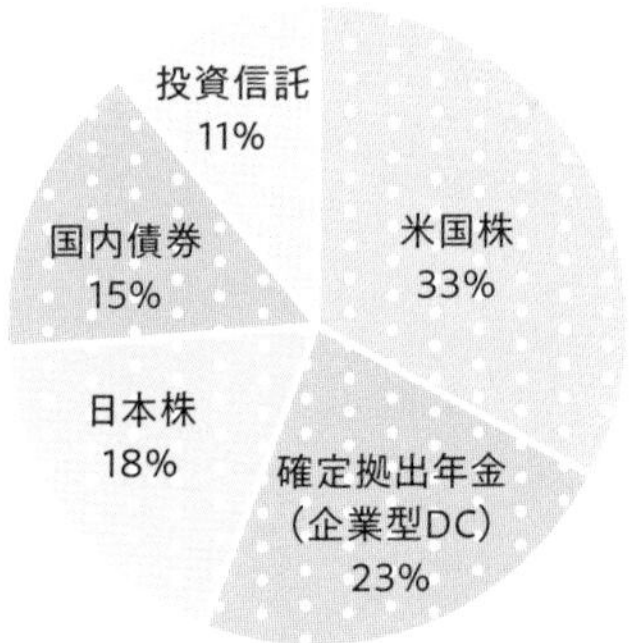

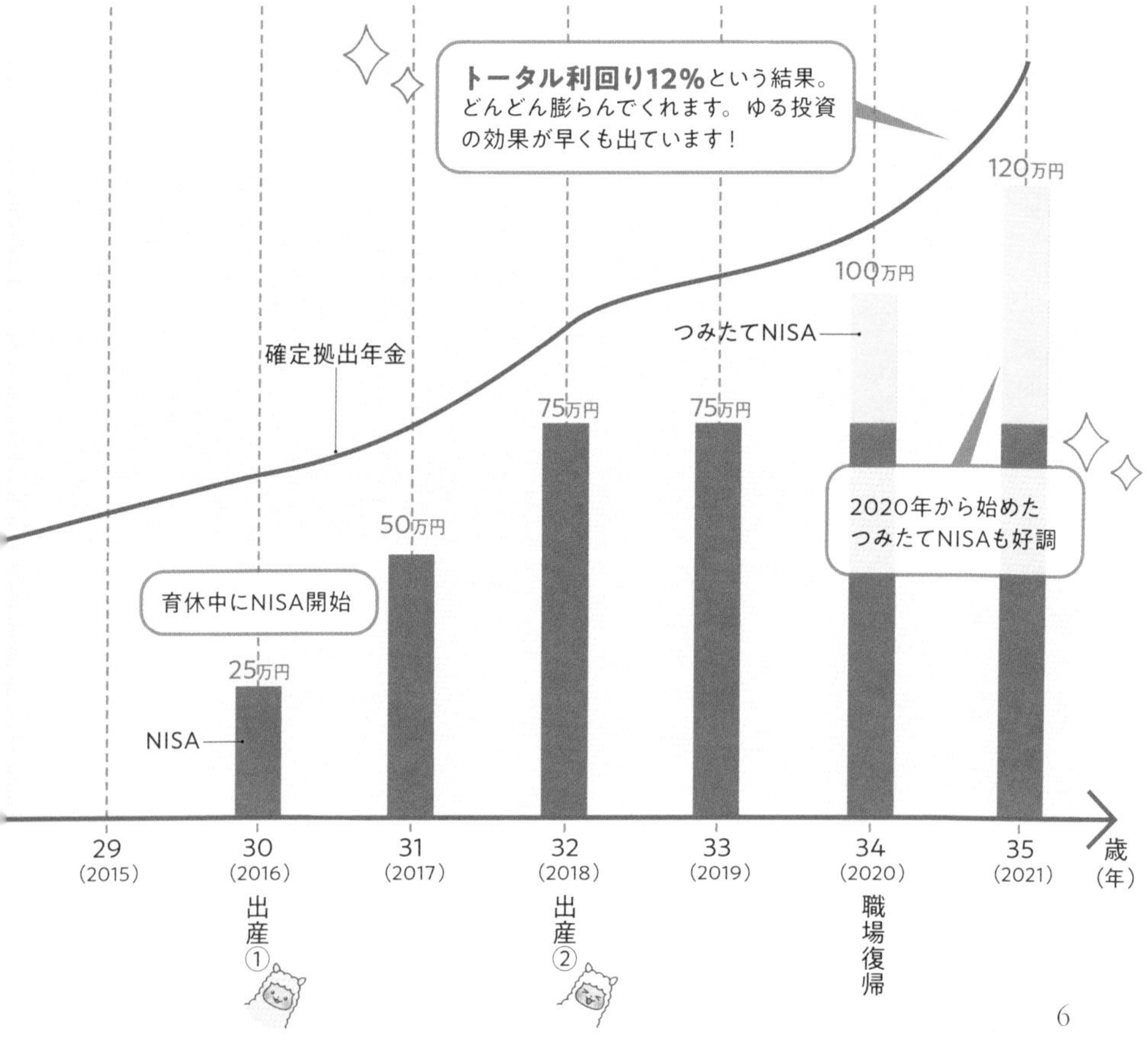

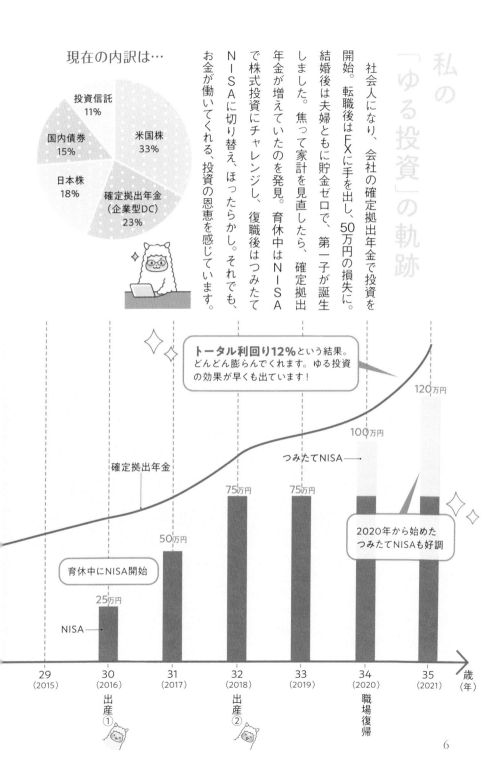

さぶの投資資産（2021年9月現在）

確定拠出年金（企業型DC）
●DIAM 外国株式インデックスファンド　80%
●三菱UFJ DC海外債券インデックスファンド　20%

つみたてNISA
平日に毎日300円
●eMAXIS Slim 米国株式(S&P500)
●eMAXIS Slim 先進国株式インデックス
●eMAXIS Slim 全世界株式（オール・カントリー）
●SBI・新興国株式インデックス・ファンド
毎月1万円
●楽天・全米株式インデックス・ファンド

日本株/6銘柄
●ウエルシアホールディングス　●オリックス　●トリドールホールディングス　●野村総合研究所　●ヒノキヤグループ　●ライオン

米国株/20銘柄
●アッヴィ　●アップル　●アドビ　●アマゾン･ドット･コム　●アルファベット　●エクソンモービル　●AT&T　●グラクソ・スミスクライン　●コストコホールセール　●ジョンソン・エンド・ジョンソン　●ズーム・ビデオ・コミュニケーションズ　●スターバックス　●ビザ　●ファイザー　●フェイスブック　●プロクター・アンド・ギャンブル　●ナイキ　●マイクロソフト　●マクドナルド　●ユナイテッド・パーセル・サービス

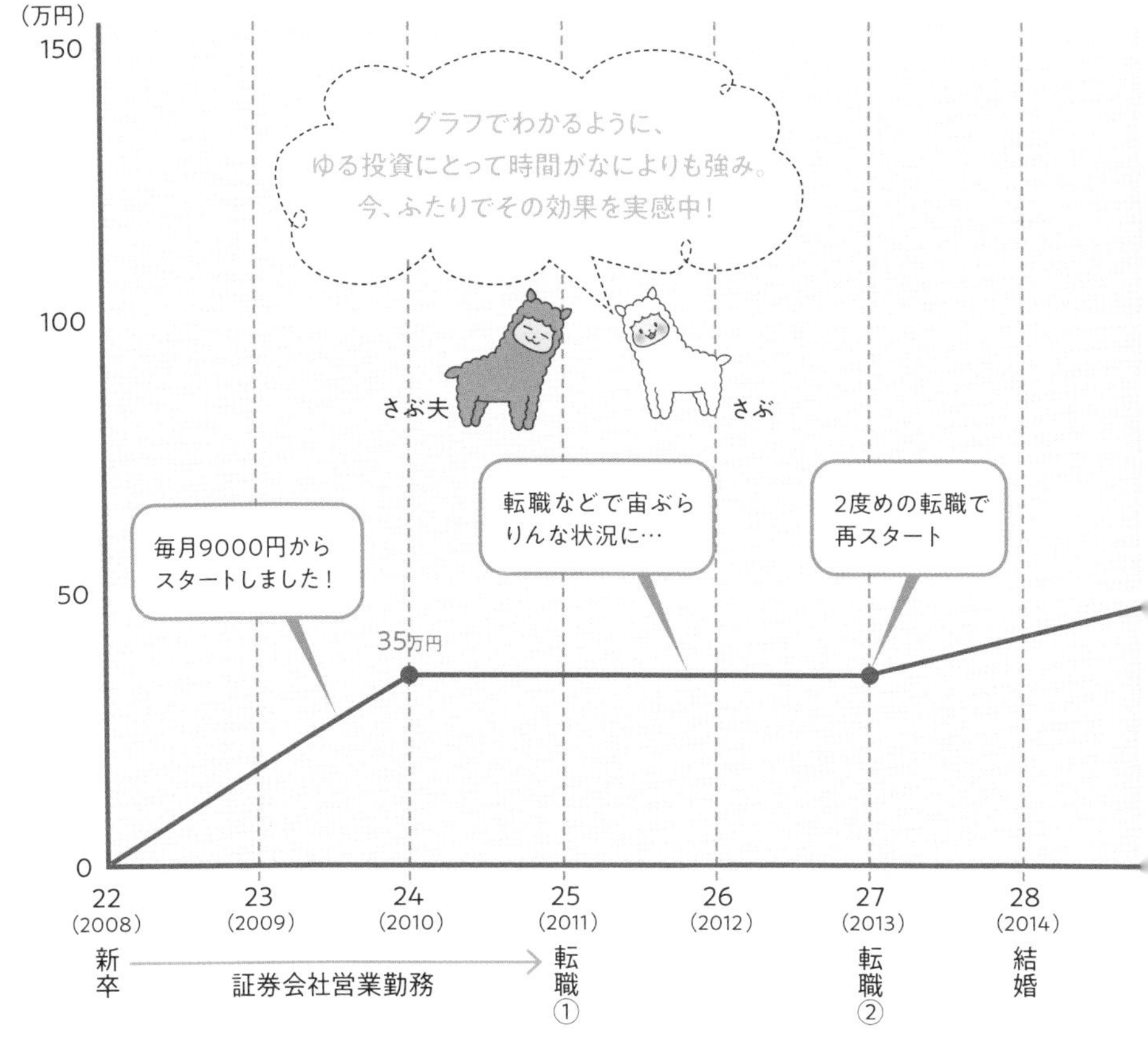

Contents

さぶファミリー

Part 2

国が用意した節税できる お得な制度を活用……39

お金に興味がある
さぶの後輩

Let's Try

Part 3

まず始めたいのは投資信託を購入すること……65

＊本書の情報は2021年9月時点のもので、今後変更される可能性があります。
＊本書で紹介している金融機関、金融商品、サービスなどは、著者の実体験に基づいた情報、見解、分析になります。情報などには細心の注意を払っておりますが、読者の利益を約束するものではありません。詳細は必ず、証券会社などに直接お問い合わせください。
＊本書はあくまでも情報提供を目的としたものです。
＊本書で示した情報などの利用による損益・損害については発行元および著者は責任を負いかねます。最終的な投資の判断はご自身にてお願いいたします。

Part 4

参考文献
『新しい！お金の増やし方の教科書』篠田尚子著（SBクリエイティブ）
『今さら聞けない投資の超基本』泉 美智子著・奥村彰太郎監修（朝日新聞出版）

スタッフ
撮影／田邊美樹
アートディレクション／釜内由紀江（GRiD）
デザインと図版／五十嵐奈央子、清水 桂（GRiD）
イラスト／ゴン
DTP／エストール
校正／麦秋アートセンター
編集協力／深谷恵美
編集／柳 緑（KADOKAWA）

Part 1

投資ってどんなもの？魅力とリスクをチェック

現金以外のお金は、社会のなかで動いていて
その価値も変動します。預金と投資の違いを知って、
ゆる投資へ第1歩を踏み出してください。

Keyword

「投資の基本」を知るキーワード

リターン
リスク

投資で得られる利益を「リターン」、損失の可能性を「リスク」と言います。リターンが大きいものほどリスクも高いので、自分がどの程度の損失に耐えられるかの「リスク許容度」に合った投資が大切。

利《り》回《まわ》り

投資金額に対して得られた利益の割合。利息や配当金も含んだ収益で計算します。高い利回りは魅力的ですが、高リスクな傾向があります。本書では利回り3～5%を目指す堅実な投資を理想としています。

複《ふく》利《り》

元本(投資した金額) ＋利息(投資による利益)に対して利息がつくこと。元本にしか利息がつかないものは「単利」。複利のおかげで、お金は雪だるま式に増え、長期の投資では大差になります。

配当金《はいとうきん》

株式投資で得られる利益のひとつ。その利回りを「配当利回り」と言って、日本企業なら平均2%弱。働いている間は配当金を貯めて次の投資資金にし、リタイア後は生活費の足しにするのが王道です。

運用管理費用《うんようかんりひよう》（信託報酬《しんたくほうしゅう》）
信託財産留保額《しんたくざいさんりゅうほがく》

どちらも投資信託のコスト。「運用管理費用」は投資信託を保有している間ずっと、「信託財産留保額」は解約(売却)時にかかります。同じ投資信託でも販売する金融機関で異なるので必ずチェックしましょう。

ドル・コスト平均法《へいきんほう》

同じ金融商品(株式や投資信託など)を定期的に同じ金額ぶん買い続ける積み立て投資。値上がりや値下がりの影響を減らし、安定した利益を狙えます。ほったらかしで、複利の効果が得られます。

預け先によって、お金の価値は変わっていく

私が10歳だった時に1ドル＝80円という超円高の時期がありました。ニュースを見ながら、母が「昔、ハワイに行った時は1ドル＝２００円だったのに」とつぶやいたのを聞いて、「今、80円でドルを買って、２００円で売ればお金持ちになるね」と私は言いました。

母は「そんな考え方ができるんだ」と驚いていましたが、私はこの時に初めて「お金の価値は変わる」と気づいたのです。

お金の価値は変動する――。この性質を上手に使えば、**お金に働いてもらう**ことができます。それが投資です。代表的なものは投資信託や株式など。そして、投資を行うのにｉＤｅＣｏ《イデコ》やＮＩＳＡ《ニーサ》といった国の制度もあります（パート2から詳しく述べます）。

投資になじみのない人は、ほとんどのお金を銀行に預けていると思いますが、それもお金を働かせていることになります。

銀行に預けると利息がつきますよね。利息のぶん、お金は働いています。その利息は普通預金で０・００１％、定期預金でも０・００２％と微々たるものです。

一方、６ページのグラフをもういちど見てください。私のような**ゆる投資でも利回り12％と、普通預金に比べて１万２０００倍もお金の働きぶりがいい**んです。

銀行や証券会社でお金は働いている

現金以外のお金は社会で活用され、利益が生まれています。

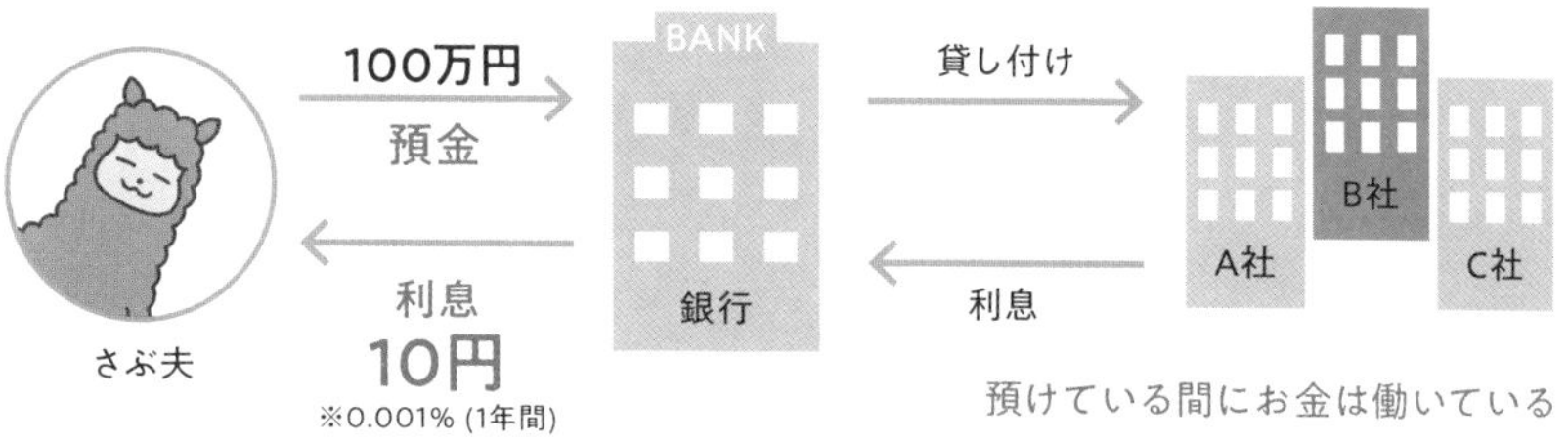

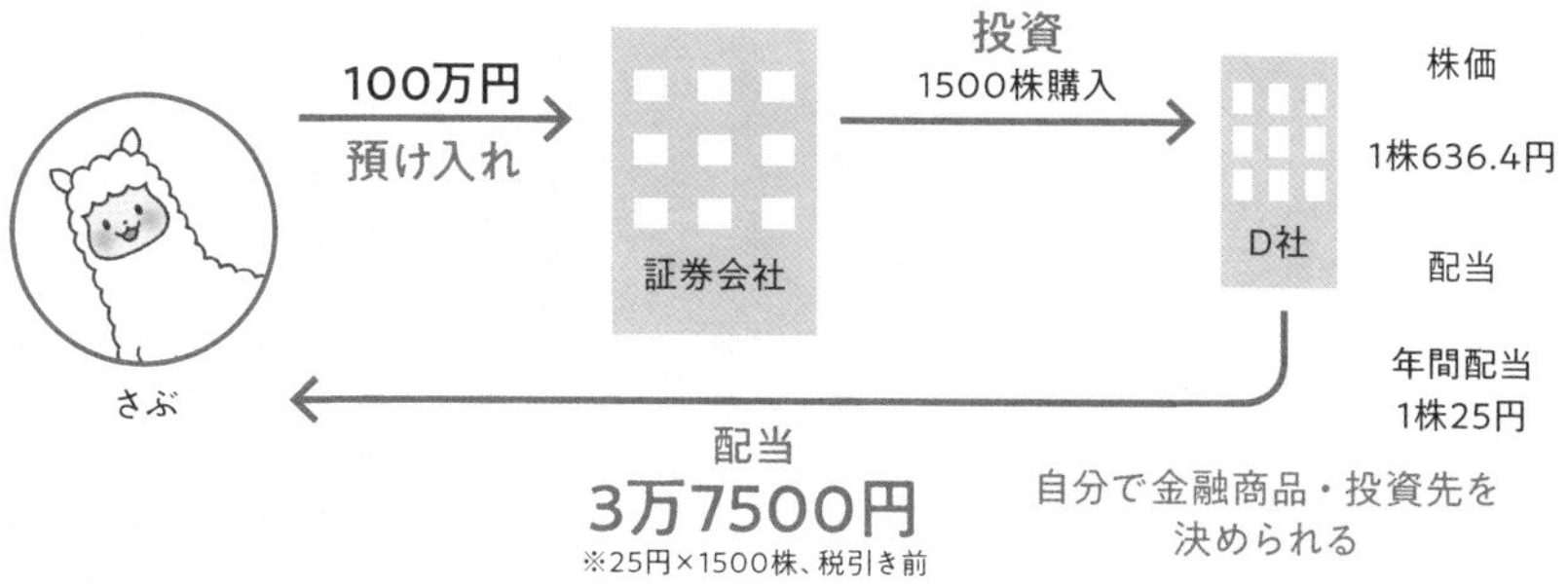

▶"投資"の考え方

投資は制度や金融商品から、自分のライフスタイルに合ったものを選択できます。

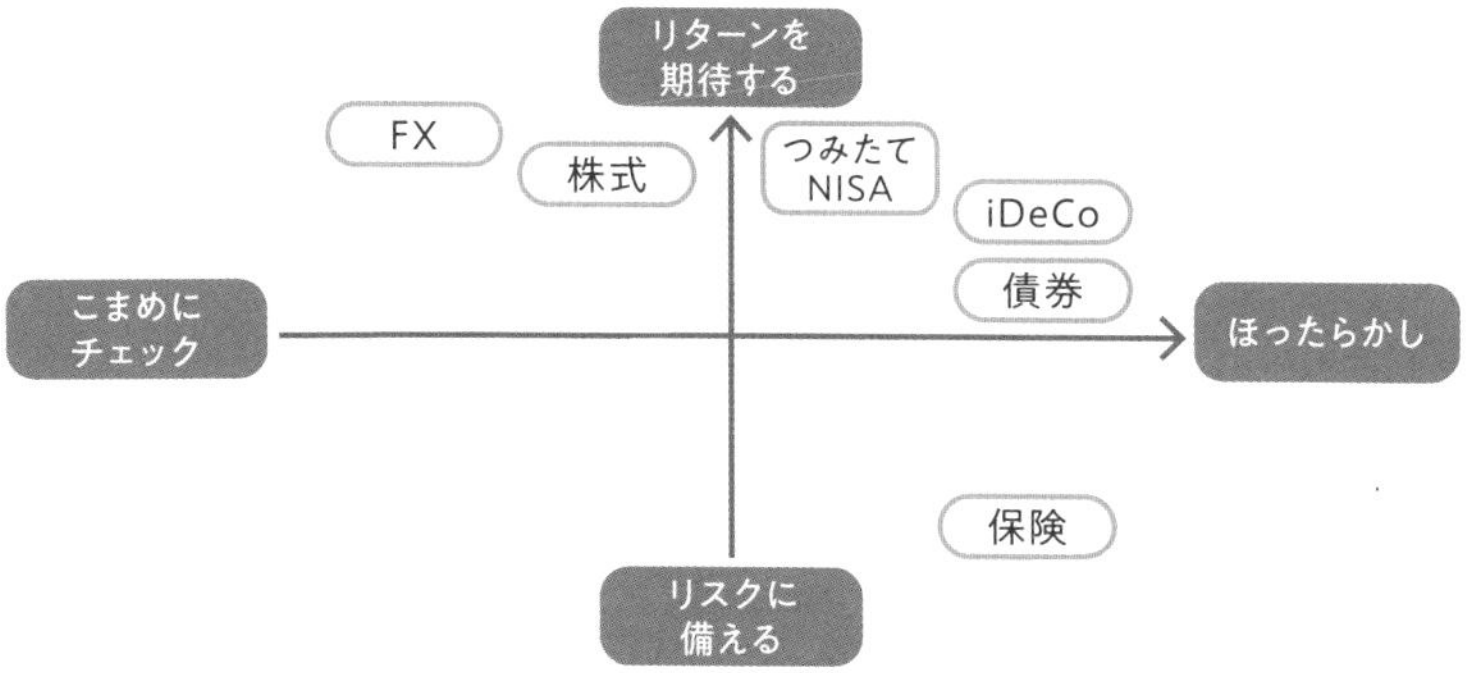

たとえば、１００万円を１年間、普通預金で０・００１％の利息がついたら年10円の儲けです。同じお金を、利回り１％で運用すると、年１万円のプラスになります。利回り12％なら12万円です（すべて税引き前）。

私が10歳の時に気づいたのは為替（１１１ページ）による価値の変動ですが、もうひとつ、お金の価値が大きく変わる要因があります。

インフレです。ニュースなどで「インフレターゲット○％」などという言葉を耳にしたことはありませんか？　これは国の景気がよくなることで歓迎すべきことでもあるのですが、一方で、物の値段が上がることでもあります。**お金の働きぶりが物価上昇の水準に勝たない限り、せっかく持っているお金の価値は実質的に下がっている**という状態なのです。

物の値段だけではありません。消費税だって二度と上がらない、という可能性は残念ながら低いのではないでしょうか。

ですから、10年後、20年後…と**将来的に使うお金は、銀行預金では目減りしてしまう**のです。

以上、私が投資は必要だ、と思う理由です。

投資というとちょっと怖いことのように感じるかもしれませんが、じつは私たちが銀行に預けているお金を、銀行も投資によって働かせています。ですから、自分で投資をしてみてもいいと思いませんか？　１万２０００倍もお金の働きが違うんですから！

One Point Advice

投資はお金持ちだけの特権ではありません。月5000円の投資でも10年続ければ、かなりいい働きをしてくれます

物価が上がると、お金の価値は下がっていく

経済が成長し、物価が上がっていくことがインフレです。

インフレの一例を見てみると…。

	1990年		2021年7月
バス（初乗り）	160円	1.36倍	217円
郵便（ハガキ）	41円	1.54倍	63円
コーヒー（喫茶店での１杯）	351円	1.46倍	513円
映画料金（一般）	1615円	1.11倍	1800円
東京ディズニーリゾート（１デーパスポート大人）	4400円	1.86倍	8200円

※総務省統計局「小売物価統計調査(東京都区部)」

▶消費者物価指数と平均総所得金額の推移

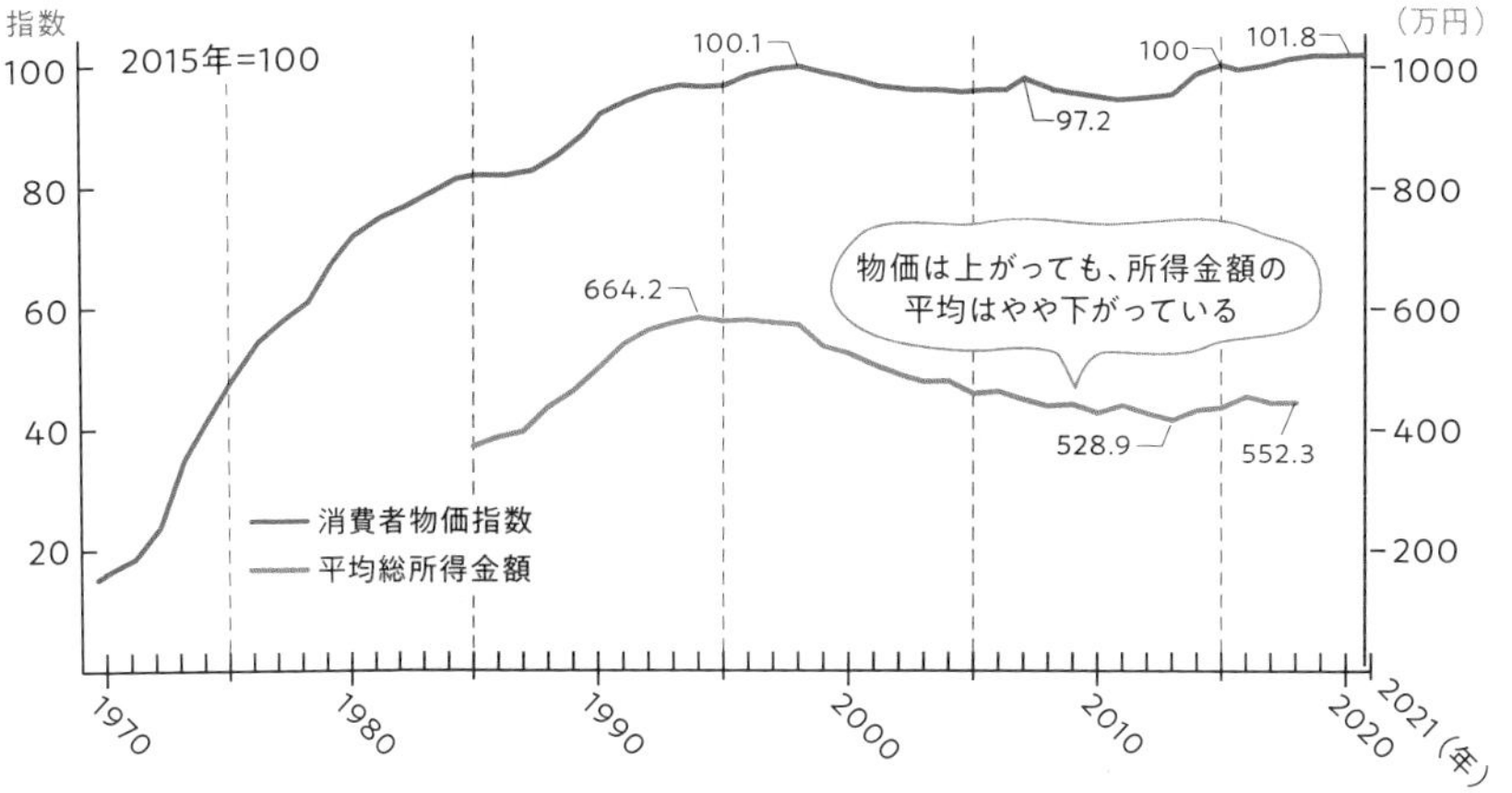

※総務省統計局「消費者物価指数」
※平均総所得は全世帯でみた1世帯当たりの金額。厚生労働省「国民生活基礎調査」

物価は上がり続けているのに、賃金は…。「節税」を意識して、「投資」で＋αの資産増加を見込まないと老後が不安です…

「心をすり減らさない投資」がいちばん！

投資を怖がって始めないなんて、もったいない！

しかし、投資の怖さを知らないで、無謀に資産運用するのも危険すぎる！

この両方をお伝えしたうえで、**無謀じゃない投資のやり方がある**ことを伝えるために、私は本書を書きたいと思いました。

投資は銀行の預金より、お金を大きく増やすことができます。一方で、減ることもあるんです。

つまり、利益が出る可能性もありますが（リターン）、マイナスになることもあります（リスク）。

お金のことって、とってもドキドキします。まず、お金がないと不安でいっぱいになります。

さらに、投資をして成績次第で資産がどんどん目減りし、辛くて眠れない経験を私はしました。

それだけではありません。投資したお金がどんどん値上がりしてくると、これまた高揚感でいっぱいになります。

「値上がりするなら、いいんじゃない？」と思うかもしれませんが、**リターンとリスクの関係は常に比例していて、大きく儲かるものは大きく減る可能性を秘めています**。

私はＦＸ（外国為替証拠金取引）という、リスク＆リターンが大きい投資に手を出したことがあります。儲かっている時は本当にワクワクしました。「次は何に投資しようかな？」と、次から

資産の「3つの特性」を知っておこう

お金を増やすための金融商品を選ぶ際に役立ちます。

すぐにお金持ちになりたい…。でも損はしたくない。どうしたらいいの？

すぐには難しい！ 貯金も投資もマラソンだよ。
心が折れないように、まずはこの図を理解してみて

増やす

収益性

長期のお金：老後資金
（60 ～70歳以降に使う生活資金など）

- □ 投資信託
- □ 株式
- □ 不動産など

性質が反対で両立しない ×

性質が反対で両立しない ×

守る

安全性

中期のお金：目的別貯金
（住宅購入資金、子どもの教育資金など）

- □ 定期預金
- □ 債券
- □ 保険など

備える

流動性

短期のお金：生活防衛資金
（病気や事故など、なにかの時のお金）

- □ 現金
- □ 普通預金

目的が似ているので両立する ○

収益性と安全性は両立しないのか…

だから、短期、中期、長期と、お金が必要な目的に合わせて、お金の運用法を変える必要があるね

次へと投資欲が湧いて、投資にずぶずぶとのめり込んでいきます。しかし一転、損が出始めると手に汗握るような感覚になってきて、寝る前もお金のことを考えてしまい、ソワソワして眠れません。こんな状態になることもあるから、「心をすり減らすんだったら、投資そのものをぜんぶやめてしまおう！」と決断してしまう人が多いんです。

お金はとても心を動かします。心理的ジェットコースターに耐えられるメンタルと、急激なアップダウンでも冷静さを保てる知識と、損しても構わないと思えるお金と、リカバーするためにつぎこめる時間とエネルギーがあるツワモノなら、リスク&リターンが大きい投資はおもしろいかもしれません。

私はそういう人間ではないことが経験してわかりました。ましてや、このようなアップダウンの激しい投資を他人に勧めたいとは思いません。結果、**たどり着いたのが「心をすり減らさない、ゆる投資」です。**私自身、これでやっと投資がうまくいき始めた気がします。

やっかいなことに、リスクの高い投資をしていると、毎日、金額の上がり下がりを見張っていないと気が気ではありません。FXの投資をしていた時は、仕事中でもトイレに行くたびにスマートフォンでチェックしてしまう自分がいました。みなさんは、そこまでしたいでしょうか？

「こんなドキドキはしたくない」「ほったらかしでも安心できて、なるべくお金を減らさず、堅実に増やしていきたい」という方は、一緒にゆる投資をしませんか？

心をすり減らさない「ゆる投資」なら…

値が上がっても
下がっても、一定額を
定期的に買う。
値動きにドキドキしない
⇒p31
気がついたらコツコツ
投資できている
⇒p26
口座の資金から
自動的に投資する
⇒p30

最初から、投資のもっとも怖い一面を書いてしまいました。しかし、投資に関してこれ以上のデメリットはありません。どうぞ安心してください。

自分の身の丈に合っていない投資は辛くなります。身の丈とは、ひとつは**リスク許容度です。これは、金融機関のサイトなどでシミュレーションできる**ので算出してみてください。

もうひとつは、金額です。万一、**投資した金額の20%くらいが失われても慌てずに暮らしていけるか**どうかです。その意味でも、投資は長期のお金の運用に適しています。

そして、費やせる時間です。「お金のことにかかりきりになりたくない」というなら**「積み立て」という方法でほったらかしにしましょう。**

本書でたっぷりお伝えします。

One Point Advice

「初心者でも稼げる!」という言葉の裏にある投資のリスク。
これを理解してストレスのない投資をしませんか?

シンプルな投資で、利回り3～5％を狙いたい

投資の方法や商品は星の数ほどあります。本当にびっくりするほどあるんです。

しかし、簡単に大儲けできるものはありません。これは「絶対に」と言えます。

だから、最初からハイリスクを避ける投資がベスト、というのが私の結論です。ウサギとカメの物語のように、コツコツと進めていく**ローリスク投資のほうが最終的に勝つことができます**。

なかでも私は、シンプルな投資を選ぶのがいいと思っています。**シンプルな投資とは、投資信託や株式**です（パート3、4でそれぞれ説明しています）。

FX、仮想通貨、不動産投資、先物取引など、それぞれ成功している人はいますが、こういう複雑な投資は本気で猛勉強していかなければ高いリターンは得られません。

しかし、シンプルな投資で**利回り3～5％くらいなら、本書を1冊読んだ知識で、しかも、ほったらかしにしていても、みんな目指せます**。

たまたま私は今、利回り12％超えという成績ですが、必ず右肩上がりで増えていくとは言えないのが投資の世界の現実です。だから、プラスの年もマイナスの年も、おしなべて結果的に利回り3～5％くらいなら御の字と考えています。

そのペースでコツコツやっていけば資産1000万円は誰にとっても遠い数字ではないんです。

One Point Advice

シンプルな投資で利回り3～5％を目標に。基本のきを勉強しながらコツコツとステップアップしていきましょう

1000万円貯金のための、利回りの差

数字を意識して、投資の力を見てみましょう。

「利回り」

投資した金額に対して、1年あたりどのくらいの利益が出るかを
割合で算出したものを「利回り」と言います。

たとえば…

元本
100万円 → 5年後
115万円

運用益は
5年で15万円

運用益15万円÷元金100万円÷5年＝0.03

利回りは3%

Case 1 目標は1000万円。毎月3万円ずつ積み立てしたら、何年かかる？

利回り0.001%	利回り5%	利回り10%
27年10か月	17年6か月	13年5か月

Case 2 1000万円を運用したい。1年間でどのくらいの金額が増える？

利回り0.001%	利回り5%	利回り10%
100円	50万円	100万円

お金を銀行に置いておくのと資産運用するのとでは、
将来の金額が大きく変わってくるね！

正直、ずっと利回り10%で増やすのは難しいと思いますが、
5%であれば、長い時間で可能性は大です！

長い間、保有できることがゆる投資の最大の武器

投資は、ものすごく頭のよいプロと知力で勝負する戦場です。プロはものすごい金額を使ってパワープレーをしていきます。残念ながら、普通の人間では滅多に勝てません。

そこで、私が大好きな投資の格言を紹介します。

素人がプロに勝てるのは時間である——

プロは短期戦で勝負しています。半年で目標の成果をあげなければいけないとか、決算までに売らなければならないとか、1年以内に現金化する必要があるなどといった時限装置を抱えています。しかし、個人で自分のお金を投資している私たちには、そういった縛りはありません。

金融商品は常に、価値が上がったり下がったりしています（評価益・評価損と言います）。しかし、売らない限りは、利益も、損も確定しないのです。

たとえば、コロナ禍で価値が下がったタイミングでも、プロは締め切りのために売らなければならないことがあります。私たちは価値が戻るまで、売らずに待っていることができます。

投資は最後に勝てばそれでよい！　最後というのは、投資したものを売って現金に戻す時のことです。私の場合は老後資金を投資で増やしているので、30年後に勝てばいいと思っています。

最大限、活用したい複利の力を知る

長い期間であるほど、値上がり益は膨らんでいきます。

毎月1万円の積み立てが、利回りの差でこれだけ変わる!

利回り	投資資産	1年	5年	10年	30年
1%	累計資産	**12万552円**	**61万4990円**	**126万1499円**	**419万6282円**
	運用益	552円	1万4990円	6万1499円	59万6282円
3%	累計資産	**12万1664円**	**64万6467円**	**139万7414円**	**582万7369円**
	運用益	1664円	4万6467円	19万7414円	222万7369円
5%	累計資産	**12万2789円**	**68万61円**	**155万2823円**	**832万2586円**
	運用益	2789円	8万61円	35万2823円	472万2586円
10%	累計資産	**12万5656円**	**77万4371円**	**204万8450円**	**2260万4879円**
	運用益	5656円	17万4371円	84万8450円	1900万4879円

▶月々の積み立て額の違いを利回り5%で見ると、20年後は…

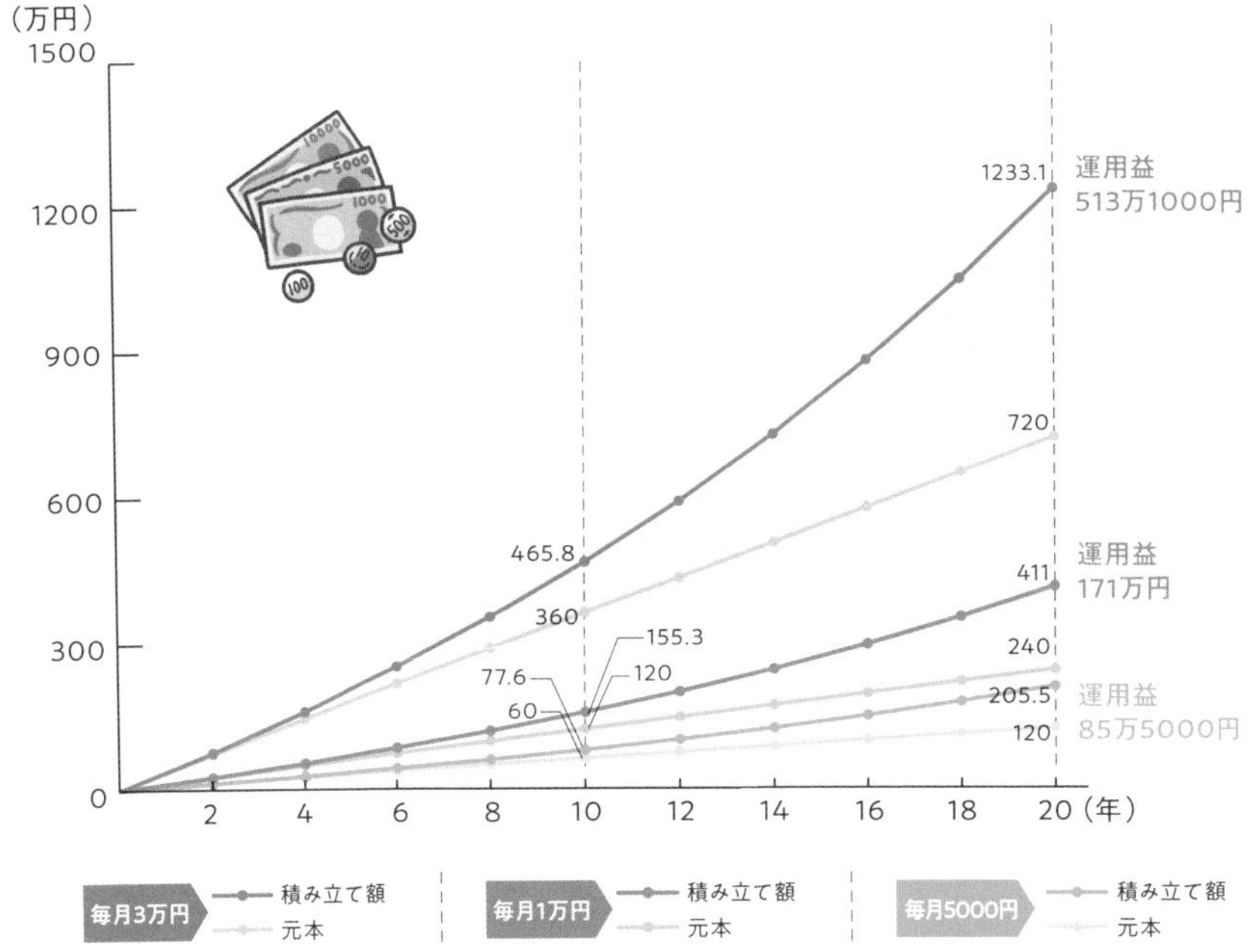

※金融庁ウェブサイト(https://www.fsa.go.jp/policy/nisa2/moneyplan_sim/)でシミュレーション
※年1回の複利計算で、小数点第二位を四捨五入

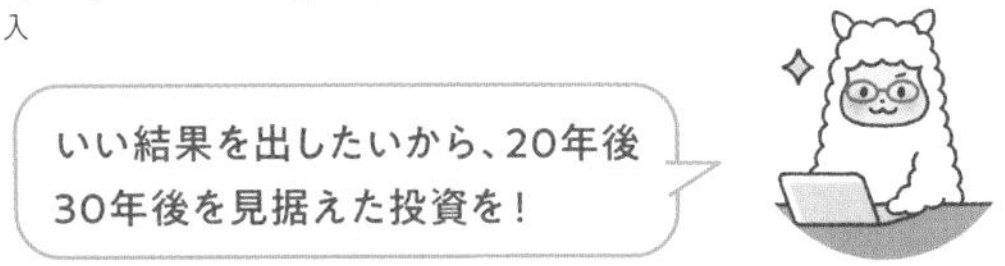

ローリスクのゆる投資は、仮に評価損が出たとしても損の幅が小さいので、比較的短期間で価値が戻りやすいのもメリットです。

また、**投資は売ったり買ったりするたびにコストがかかる**ので、頻繁に売り買いするのがいちばん損になります。不安や欲の波に乗って金融商品をコロコロ変えると、おもしろいくらい元本が目減りしていきます。そんなお客さまをたくさん見てきました。

ですから、みなさんには短期で結果を求めるのではなく、20年後、30年後に勝つイメージをもって投資をしてほしいと思います。時間を味方につけるために、月5000円でも、1万円でもいいので、なるべく早く投資を始めることをおすすめします。

時間が強みだという理由は、もうひとつあります。

複利の力を使えることです。

複利というのは、**「元本（投資したお金）＋運用益（投資で増えたお金）」に対して利益がつくシステム**です。つまり、長い時間をかけてほったらかしておくほど元本がボトムアップして増えることになり、それに対する利益がどんどん大きくなっていくのです。

ちなみに、複利の反対は単利で、これは元本にしか利益がつきません。

漠然と老後の不安を抱えている方は多いと思いますが、複利の力を味方につけて長期戦で投資していけば、雪だるまのようにお金は増えていきます。

One Point Advice

投資したものを長期間保有できるのは私たちの武器。
この武器を生かせる仕組みがほったらかしのゆる投資です

投資も、さぶ流の仕組み化で堅実に育てていく

投資は、安いところで買って高いところで売り、その差額が利益になります。これが基本ですが、言うのは簡単！ 実際にできるのかどうか…。

売買するタイミングを逃さないように、ずっとスマートフォンの画面に張り付いているわけにはいきません。私がFXで失敗した大きな理由は、仕事の大事な会議中に政権交代があったことです。それによって一気に為替が動き、たった3時間、目を離した隙に大損していました。もう、そういうことはこりごりです。私は、**本来大事にしたい仕事や家事・育児、リラックスする時間を優先したい**と思っています。

そもそも、たとえ時間をかけたとしても、**最安値で買って最高値で売るような美しい売買はプロでも難しい**のです。

投資の格言で「もうはまだなり、まだはもうなり」という言葉があります。「もう天井だろう」と考える時はまだ上がる、「まだいける」と思う時はもう天井だったりする、という意味で、要は「値動きは予想できない」という戒めです。

もちろんプロはいろいろな情報を検討して、少しでも確率を上げようとしています。みなさん

は、そうやって世界経済を瞬時に読み解けますか？　私は無理です…。知識が足りません…。

世界経済がわからなくても、できる投資があります！　それが、ゆる投資です。**投資に詳しくなくても、ほったらかしでも、なるべく得をする仕組み**を作ってしまえばいいのです。

最安値と最高値を狙って買ったり売ったりするのではなく、何も考えずに真ん中を取っていこう、という作戦です。これはドル・コスト平均法と呼ばれ、堅実な投資の王道と言われています。

ドル・コスト平均法って、なんともイメージしづらい言葉ですね（笑）。時間による分散投資のことで、毎月、同じ金融商品を同じ金額ずつ買っていく積み立て投資です。

毎月と書きましたが、証券会社によっては毎日できるところもあります。いずれの場合も、あらかじめ指定しておけば、**自動的に口座からお金を引き落として投資してくれるので、手間も時間もかかりません**。「めちゃくちゃ忙しい！」という方でも、この仕組みを作っておけば「やってない！」「忘れた！」なんてことにならず、コツコツと雪だるまを大きくできます。

私は楽天証券で定期的に5つの投資信託に投資しています（57ページ）。

こうすると、手間がかからないだけではなく、投資するタイミングを気にしなくていいのが大きなメリットだと感じています。説明したように、「今が買い時！」「今が売り時！」というタイミングは結局わかりません。今すぐ積み立て投資で始めてみるのが最善の道です！

One Point Advice

手間がなく、時間もかけず、ほったらかしにできる積み立て投資。「上がった」「下がった」と心がすり減りません

分散投資の強みは、時間と積み立て

毎日や毎月、一定額を積み立てていくことが究極の分散投資です。

「ドル・コスト平均法」

価格が変動する金融商品を一定の金額で、時間を分散して購入し続けることを「ドル・コスト平均法」と言います。

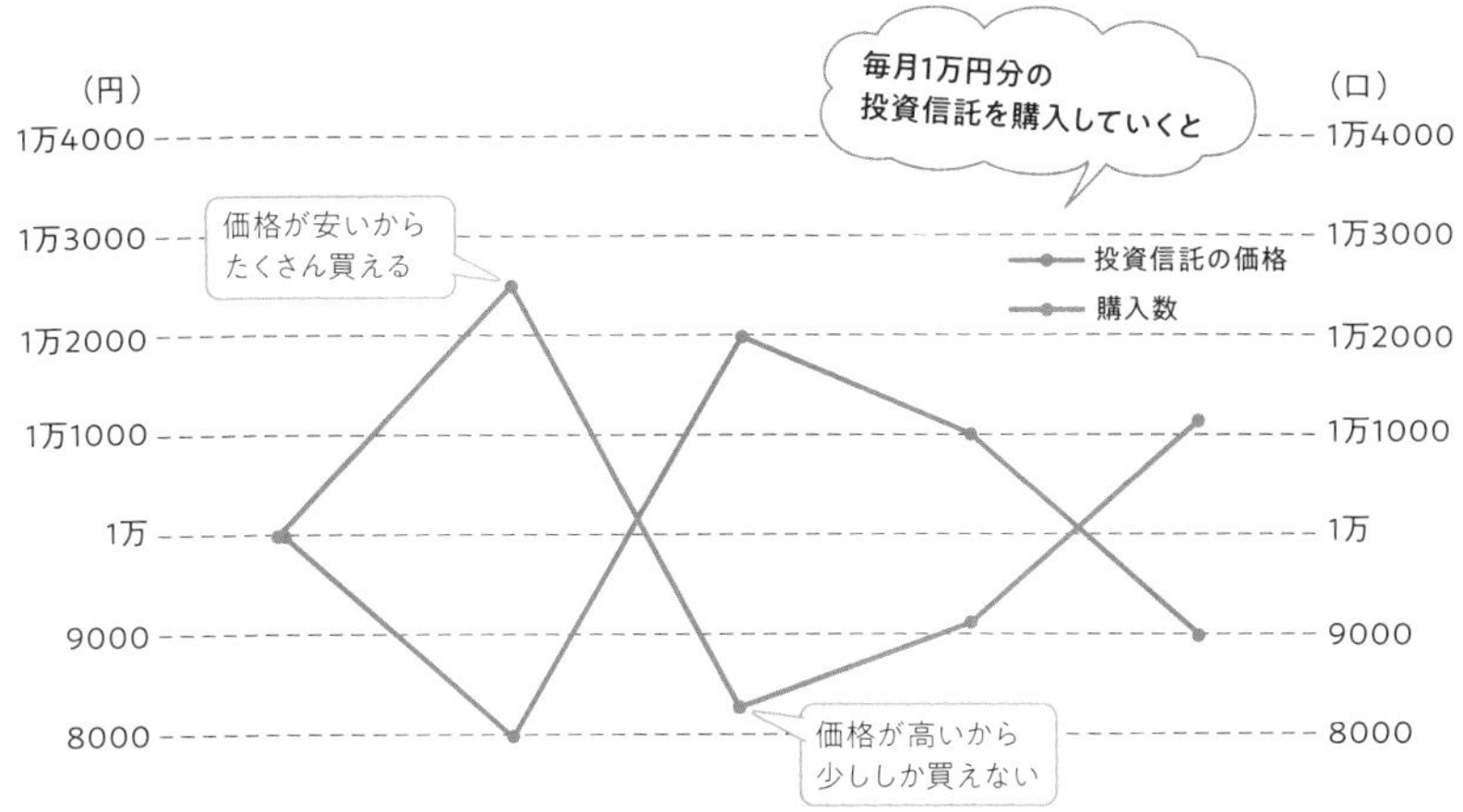

	1か月め	2か月め	3か月め	4か月め	5か月め
投資信託の価格（1万口あたり）	1万円	8000円	1万2000円	1万1000円	9000円
購入数	1万口	1万2500口	8333口	9090口	1万1111口

- 投資信託の価格が安い時にはたくさん購入できるので、相場に一喜一憂する必要がない。
- 定額、定期購入していくので、手間がなく、ほったらかしで運用できる。
- いちどに購入するより分散するほうが、平均の購入単価を下げる効果がある。

- 相場が下がっていたり、上昇が見込まれたりするタイミングであれば、短期的な利益は見込めない。

何のためのお金か、その目的が投資のゴール

みなさんは、何のために投資をしますか?

「お金を増やしたい」だとは思いますが、もう一歩踏み込んで、それは何のためのお金でしょう?

この「何のための投資をするのか」というゴール設定が、投資を始める出発点です。というのも、**目的によってもリスク許容度が違ってくる**からです。

21ページの図をもういちど見てください。たとえば「子どもの教育資金」「住宅ローンの頭金」「車の購入費用」といった目的なら、必要な金額が明確で、使うタイミングが5~10年スパンではっきりしていますね。こういう中期のお金の場合は、なるべく元本を危険にさらしたくありません。だから守りを意識して、ゆる投資よりもさらにリスクの低い超安全な運用がおすすめです。

しかし、**「老後のため」のように30年後のゴールや、「特に使う予定がないお金」という漠然とした名もなきお金なら、もう少し攻めた投資**ができます。私の投資も老後資金が目的です。

ただ、あまり貯蓄と投資にお金をつぎこんで、「今使うお金」を我慢しすぎても辛くて続けたくなくなってしまいます。**貯蓄や投資に回すお金は手取り収入の2割くらい**がよいと言われます。無理せず、短期、中期、長期のお金のバランスを考えながら投資していきましょう。

One Point Advice

投資は守りと攻めの考え方がすごく大事です。そのために、投資のゴール設定を明確にしておくと間違えません

投資の利益で老後の暮らしが、もっと豊かに

老後って、漠然と不安ですよね。年金だけでは暮らせない、と言われていますし…。
では、逆に何があれば安心かと考えると、**必要に応じて切り崩せる資産と、リタイア後も続く定期的な収入**ではないでしょうか。どちらも投資でまかなえます。

切り崩せる資産があれば、交通事故に遭っても、老人ホームに入ることになっても、安心です。それは、とてつもなく大きな目標のように感じるかもしれませんが、月5000円、1万円と積み立て投資をしていけば到達可能です。

また、定期的な収入も、これから始める投資でまかなうことができます。確定拠出年金の受け取り(54ページ)や、株式の配当金(106ページ)というものがあるからです。

私はリタイア後に夫婦ふたりで5000万円の資産(夢は大きく!)と、平均して月10万円の株式の配当収入を目指したい、という野望を抱いています。

我が家は月10万円の配当収入が目標ですが、この金額は人によって違います。
「生活費としていくらあれば、気持ちが楽になりそうか」と考えてみましょう。
今、月にいくら使っているかを把握します(1か月間だけ支払うたびにレシートをもらい、計

算します）。そこから60歳とか65歳になった時の暮らしを想像しながら計算してみると、だいぶイメージできると思います。そのころに、賃貸の家に住むのか持ち家なのか、車が必要な地域か、親からの相続はありそうか、といろいろなことを想像してみてください。

そして、ねんきん定期便を見て、実際に自分は年金をいくらくらいもらえるのかを計算します。**「それだけでは生きていけない」と思ったら、必要な額と年金の差額のうち、いくらを投資によるお金で補おうか**、と考えてみましょう。

今から時間を味方に投資をしていけば、誰もが**老後に資産３０００万〜５０００万円は夢の数字ではありません**。そのうちの１５００万円で配当利回り３％を目指す安全志向の株式投資をしたとして、配当収入は平均して月３万７５００円になる計算です。

どうでしょう？　数字が現実味をおびてきて、漠然とした不安が消えてきませんか。

よく相談されることに、短期や中期のお金が貯まりきってから、長期の老後用の投資を始めるべきなのか、という問題があります。

私は、短期、中期のお金を優先しつつ、月５０００円でも捻出できるなら、今すぐ投資を始めるのがよいという考えです。月５０００円は、**投資による節税（44ページ）や株主優待（１０３ページ）で捻出できたりします**。

私たちの最大の武器である時間（複利の力）を味方にするためにも少額ずつ始めましょう。

One Point Advice

老後の安心材料は崩せる資産と定期収入です。年金＋αで受け取るお金を、今から投資で育てていきます

老後資産3000万円の、さぶの未来設計図

老後に3000万円があったら、こんな暮らしができます。

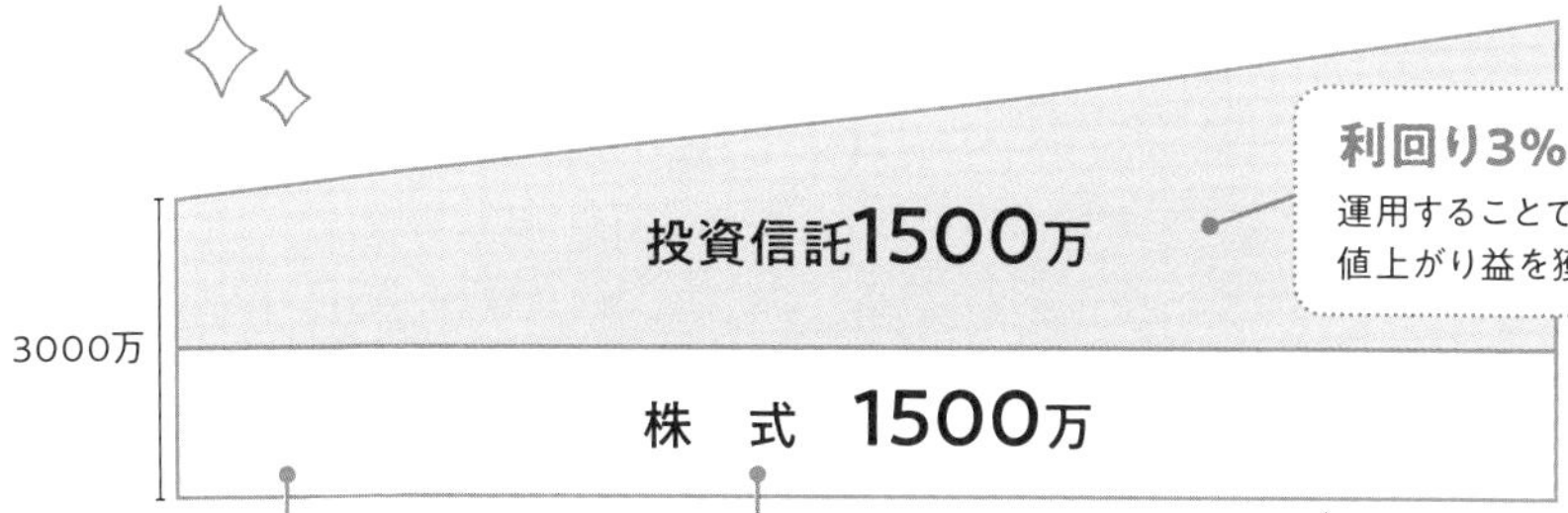

利回り3%
運用することで
値上がり益を獲得

配当収入
配当利回り3%としたら、1年間に
45万円の配当収入を受けられる
※税引き前

株主優待
外食やお取り寄せは、
株主優待をフル活用

保有している株式や
投資信託の価格が上がったら、
売却して、その利益を生活費に
充てることもできます

株式は、日本株だけでは3%の配当利回りは難しい…。
私は、米国株にもチャレンジしています

配当収入で年間に45万円も入ってきたら、
ボーナスが入る気持ちになれそう

たとえば年間45万円で、夫婦ふたりができること

家賃
8か月分

国内旅行
5回

※家賃の全国平均5万5695円
(総務省統計局「家計調査」2018年)

※日本国内旅行1人1回平均4万1542円
(観光庁「旅行・観光消費動向調査」2021年4～6月)

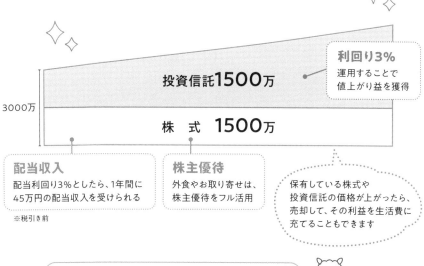

チェックしておきたい、手数料と税金のこと

投資にはコストがかかります。コストとはなにかというと、**手数料と税金**です。

手数料は、投資信託なら「購入時手数料」「運用管理費用（信託報酬）」「信託財産留保額」、株式なら「売買手数料」というものがかかります。

これが低いか高いかは銘柄（投資商品の種類）によっても違いますし、なんと同じ銘柄でも扱う金融機関によって違ったりします。同じようなパフォーマンス（利益）なら、なるべく手数料の安い証券会社で、手数料の安い銘柄を選んだほうが賢いですよね。

ローリスクで、かつコストの低い投資方法を選ぶ、これが、ゆる投資の大前提となります。

さらに、なんといっても大きいのは税金です。投資で100万円儲かったら税金としていくら引かれると思いますか？　なんと、約20万円！　正確には20.315％（復興特別所得税含む）の税金が課されます。消費税よりずっと大きな金額ですね。

これを0％にする方法があります。それは国の**「確定拠出年金」や「NISA」といった制度を利用する**ことです。

投資を始めるのに、これを使わない選択肢はありません！

次のパートでしっかり説明します。

One Point Advice

私が証券ウーマン時代に知った真の資産家は、どんな大金持ちでもコストに敏感で金利にも細かかったです

知っておきたい投資信託にかかる手数料

手数料は少額でも、長く運用していると大きな金額になります。

❶ 購入時

購入時手数料

投資信託を購入する時にかかります。つみたてNISAやiDeCoは無料のものが多いです。

❷ 保有中

大事

運用管理費用（信託報酬）

投資信託を保有することでかかる費用。保有中ずっとかかってくるコストで、その金額は商品によって異なります。

❸ 売却時

信託財産留保額

投資信託を売却する時に、差し引かれます。最近は0円のものが多いです。

「信託報酬」といわれる運用管理費用は必ず、チェックしましょう。0.1%～2%と、商品によってかなり差があります

▶200万円を利回り4%で20年運用した場合のコストを比べると

信託報酬**0.1**%／年　　信託報酬**8**万円

20年間で69万円の差

信託報酬**1**%／年　　信託報酬**77**万円

信託報酬の1%と0.1%って、20年間になると、こんなに差が出ちゃうんですね。差し引かれることを考えたら、コストのチェックは大事！

自分が理解できて、納得できる投資を心がける

具体的な投資の方法を紹介する前に、もうひとつ伝えたいことがあります。

投資は始めるのは簡単です。しかし、勝ち続けるのは簡単ではありません。日経平均株価をひとりで動かす男として有名な方も「日々勉強」と言っているくらいです。だからこそ、私たちはもっとも基本となる投資信託と株式で投資をしていこう、とお伝えします。

投資商品のなかには、証券会社やどこかの誰かが儲けるために複雑に作られているものがたくさんあります。だから、**この本の中で、まずシンプルな投資とはどういうものかを知ってください**。それで投資に慣れたら、自身の考えで幅を広げてみてはどうでしょう。

忘れないでほしいのは、投資初心者でも上級者になっても投資する時は「自分の頭で理解できるもの」が大原則ということです。よくわからないものにお金を投じることは避けましょう。

逆に、自分がちゃんと**理解して投資したら、価値が下がった時も「いい投資商品だから持ち続けていれば大丈夫」と冷静でいられます**。そのためにも「たとえ価値が半分に減ったとしても投資したい先か？」「その理由は何か？」と自問自答してから投資をしていきます。

今はまだ「なにもわからない」という状態かもしれません。私は証券会社に入った当時がそうでした。でもこうして、ちゃんとわかるようになったから、みなさんも大丈夫です！

そんなスタンスで、ここから先を読み進めてもらえたら嬉しいです。

One Point Advice

投資はシンプル・イズ・ベスト。投資する前に「内容を理解したか」「たとえ損が出ても耐えられるか」、自分に確認を！

Part 2

国が用意した節税できるお得な制度を活用

いまはお金を貯めながら、増やしていく時代。
国が非課税と定めた制度を、しっかり活用しましょう。
確定拠出年金、NISAの順に始めてみて。

Keyword

「お得な制度」を知るキーワード

確定拠出年金《かくていきょしゅつねんきん》

日本の年金制度の一種。企業や個人が支払った掛け金を自分で運用する制度です。運用した結果次第で将来受け取れる年金の額が変わります。若いうちは特に、投資信託で運用するのがおすすめ。

iDeCo《イデコ》

勤めている会社に確定拠出年金の制度(企業型DC)がない人や、会社勤めをしていない人が加入する個人型確定拠出年金。どこで口座を開くかが大切で、そこで扱う金融商品や手数料が鍵になります。

配分変更《はいぶんへんこう》 スイッチング

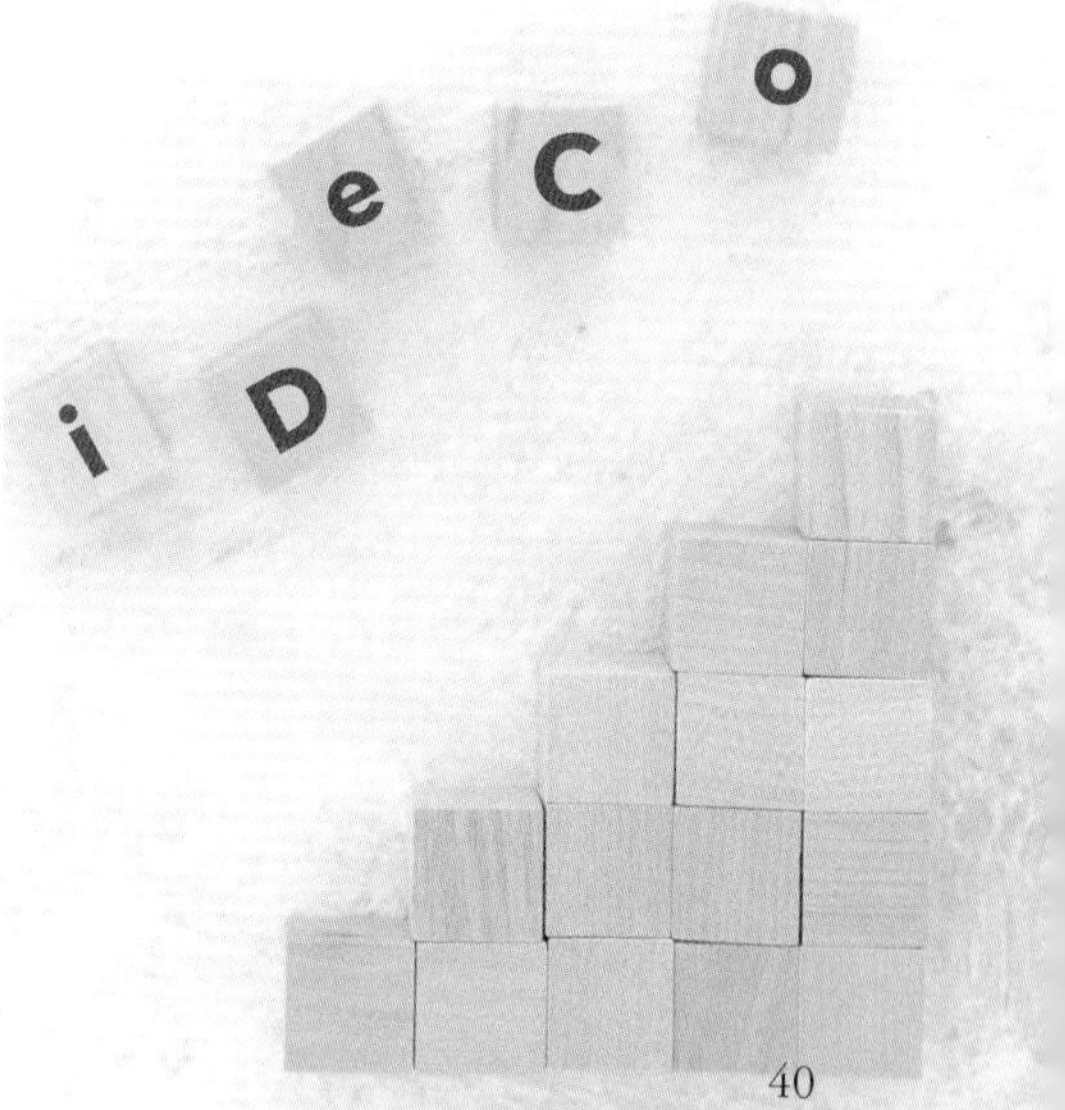

確定拠出年金は売買コストが基本的にかかりません！持っていた投資信託を売って新しい投資信託に買い替えるのは「スイッチング」。売らずに、新しい投資信託の買い付け先を変更することを「配分変更」と言います。

つみたてNISA《ニーサ》

NISAとは少額から投資できる、非課税投資制度。大きく2種類に分けられ、そのうち、「つみたてNISA」はコストの低い投資信託に、ドル・コスト平均法で長期積み立てできるので、ゆる投資にはもってこいの制度です。

一般NISA《ニーサ》
新NISA《ニーサ》

株式にも挑戦したい、短期でまとまった金額を投資したいなら「一般NISA」が有利。ただ、つみたてNISAと併用できないのでどちらかを選びます。また、一般NISAは2024年から「新NISA」に改正されます。

ロールオーバー

新NISAで投資する投資信託の非課税期間は最大5年ですが、その後、つみたてNISAに移せます。このように、商品を移管して非課税期間を延長することをNISAの用語で「ロールオーバー」と言います。

節税効果が高い「確定拠出年金」「NISA」

確定拠出年金には「企業型DC（企業で加入）」「iDeCo（個人で加入）」の2種類があります。勤めている会社に企業型DCの制度があれば、迷わずに利用してください。それ以外の方はiDeCoに加入しましょう。どちらにしても、**投資信託で積み立て投資をしていくならこれ以上のものはない！**と断言できます。

一方、少額投資非課税制度であるNISAには3種類あります。

まず、「つみたてNISA」です。これは投資信託で積み立て投資をするのに適しています。

もうひとつは「一般NISA」です。投資信託と株式、どちらにも利用できます。

注意点として、**つみたてNISAと一般NISAは同時には利用できない**ので、どちらかひとつを選ぶことになります。

さらに「ジュニアNISA」もあります。子や孫のために親や祖父母が投資し、子や孫が20歳になるまでは非課税で運用できます（2023年末で廃止されるので始めるなら今のうちです）。

無理してすべてを始めることはありません。もちろん、お金に余裕がある人は別ですが！

では、どれから始めるのがいいかというと、私は断然、確定拠出年金をおすすめします。

投資と節税、ふたつができるお得な制度

投資をするなら、まずは国が用意した制度を活用しましょう。

確定拠出年金、NISA共通

お得1 投資の利益に、税金がかからない

配当金や値上がり益による利益には通常、**20.315%の税金**がかかります。

しかし、**確定拠出年金やNISAでは、税は引かれません(非課税)。**

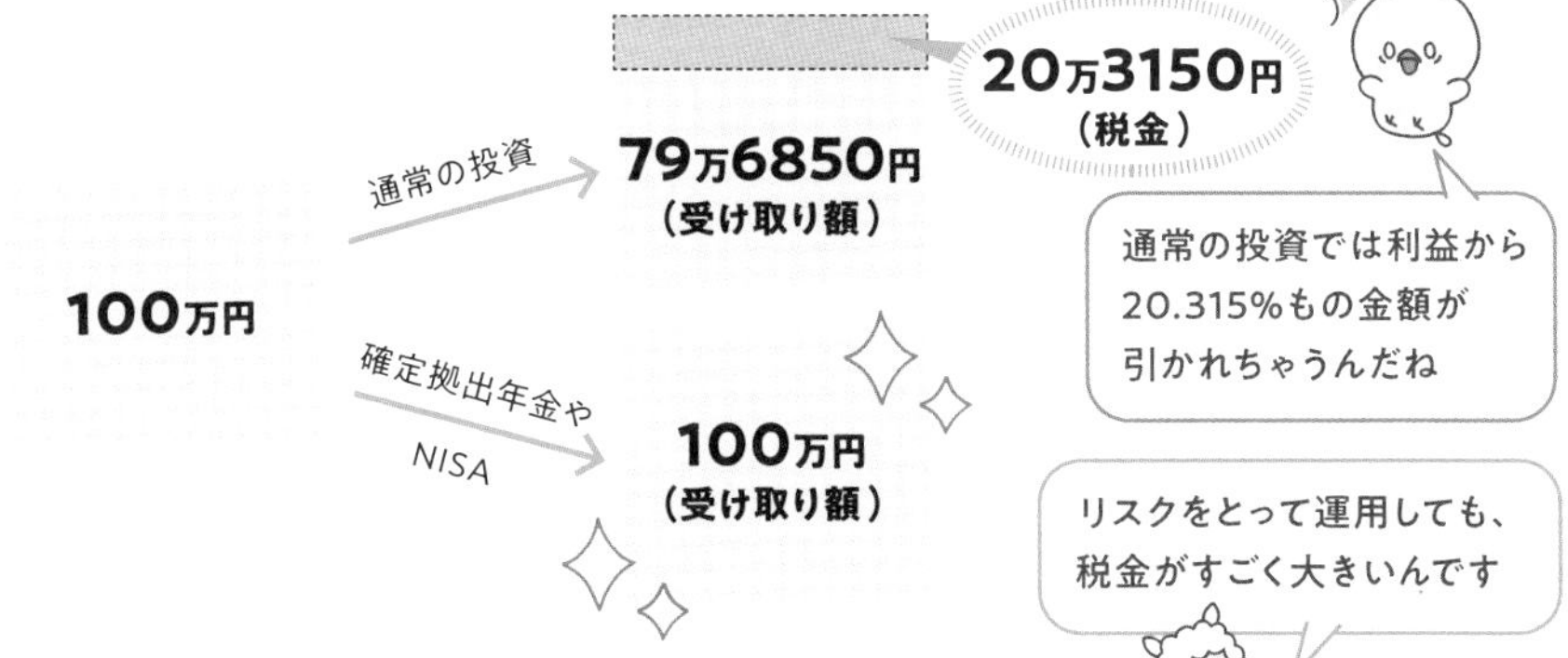
20万3150円
(税金)
通常の投資
79万6850円
(受け取り額)
100万円
確定拠出年金や
NISA
100万円
(受け取り額)
通常の投資では利益から
20.315%もの金額が
引かれちゃうんだね
リスクをとって運用しても、
税金がすごく大きいんです

確定拠出年金

お得2 掛け金が全額、所得から控除される

積み立てた掛け金は、全額が所得控除の対象となり、**所得税と住民税が軽減**されます。

たとえば、**毎月2万円の掛け金**を支払っている場合、年間での支払いは、

2万円 × **12か月** = **24万円**

↓

所得税2万4000円、住民税2万4000円(税率10%で計算)が年間で軽減。

お得3 受け取る時にも、税制の優遇がある

一時金と年金、それぞれの組み合わせ、と受け取り方法は3種類。どれでも、税の優遇があります。

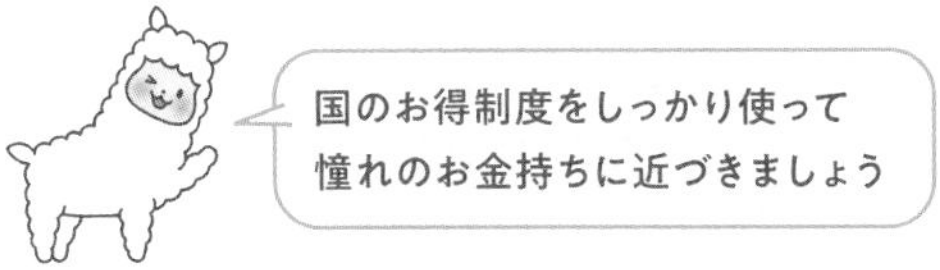
国のお得制度をしっかり使って
憧れのお金持ちに近づきましょう

確定拠出年金と各種ＮＩＳＡに共通するのは次の５つです
・国の制度だから安心
・投資によって得た**利益に対する税金20・315%がかからない**のでお得
・年間に投資できる金額と、運用できる期間が決まっている
・投資できる商品が決まっている。**この範囲で選ぶ限り、シンプルな投資**ができる
・専用の投資用口座を開設する

確定拠出年金に限っては投資の利益に対して節税できるうえに、掛け金（投資したお金）が全額、所得控除になるので、**所得税、住民税まで安くなるという、ものすごいプレミアムな価値**があるんです。要するに、それだけ手取りの収入が増えるということ。

開設時に「口座開設手数料」と、運用している間に「口座管理手数料」、そして投資したお金を受け取る時に税金がかかりますが、それを払ってもおつりがきます。

税理士や公認会計士の方々は「堂々と節税できるお得な制度はあえて難しくしている」とおっしゃいます。投資に関してはそれが確定拠出年金です。ありがたく利用させてもらいましょう。

こんなに手厚い制度を用意してくれるのは、老後のお金を年金だけに頼るのではなく自分でも用意してね、貯金だけでは追いつかないので投資で増やしておこうね、という国からのメッセージだと私は受け取っています。国の援護射撃を受けながら、投資の練習をしていきませんか。

One Point Advice

まっ先に始めるべきは確定拠出年金。次に、超ゆる投資派はつみたてNISA、株式も利用したいなら一般NISAを

確定拠出年金とNISAの使い分けは？

自分の今の状況から、お金の運用法を考えてみましょう。

現在の年齢は？

20～60歳の方

投資した資金を
60歳までに使う予定は？

ない → **確定拠出年金**

会社に制度 **あり**
企業型DC

会社に制度 **なし**
iDeCo

ある → **NISA**

60歳以上の方 → **NISA**

※確定拠出年金は、制度の改正によって2022年以降、加入可能年齢が65歳未満に引き上げられます。

NISA

2023年まで
一般NISA
↓
2024年から
新NISA

つみたてNISA

どれかひとつを
選択

＋

2023年まで ジュニアNISA

60歳未満は
確定拠出年金とNISA、
ふたつとも利用OK！

国のお得な制度を
すべて使い切りたい場合は
この3つを併用するのが、
もっとも節税になります！

確定拠出年金 ＋ NISA ＋ ジュニアNISA

それぞれの制度の内容は、次のページで詳しく紹介します。
投資金額の上限があるから、うまく組み合わせてみて

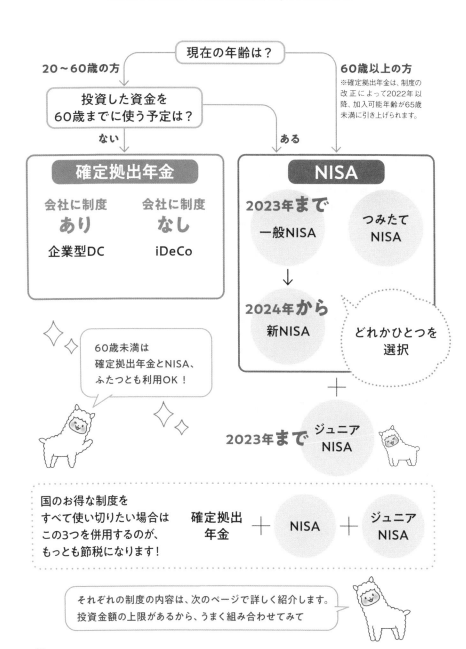

確定拠出年金、NISAについての早見表

税金の優遇制度がある投資を、すべてまとめました。

つみたてNISA
- 投資初心者
- ゆるーく投資をしていきたい人

確定拠出年金
- 節税効果を高めたい人
- 毎月1万円は投資できる！と 余裕のある人

つみたてNISA	確定拠出年金（iDeCo）		
日本在住の20歳以上 （年齢上限なし）	日本在住の20 ～ 60歳未満※1	利用できる人	
2037年まで ＊制度改正で 2042年まで延長予定	特になし	口座開設の期間	
1回100円~(金融機関で異なる)	毎月5000円~	積み立て金額	
最長20年間	60歳まで（保有は70歳まで）	非課税の期間	
40万円	14万4000円~81万6000円	年間上限金額	
800万円※2	年間上限金額× 加入から60歳までの期間	非課税の上限額	
金融庁の基準を 満たした ・投資信託 ・ETF	・定期預金 ・保険 ・投資信託 ・REIT	選択できる金融商品	
積み立て	積み立て	投資方法	
制限なし	60歳以降	引き出し制限	
なし	掛け金が所得控除	積み立て時	税優遇
運用益が非課税	運用益が非課税	運用時	税優遇
なし	2種の所得控除あり	受け取り時	税優遇
0円	2829円	加入時	手数料
0円	171円＋運用管理手数料	運用時（毎月）	手数料
0円	受け取りごとに440円	受け取り時	手数料
○	×一時停止はできる	途中解約	
×	○	スイッチングや 配分変更	

※1 確定拠出年金は、制度の改正によって2022年以降、加入可能年齢が65歳未満に引き上げられるなど、より使いやすくなります。
※2 制度改正により2018年からつみたてNISAを始めていた人は、最大1000万円までが非課税。
※3 ジュニアNISAは廃止後の2024年以降は、18歳までの引き出し制限がなくなるうえ、20歳までは非課税で運用可能（ロールオーバーできる予定）です。

ジュニアNISAは子どもひとりにつき、1口座の開設ができます。祖父母が孫のための生前贈与として開設できるのも嬉しいですね

ジュニアNISA

・子どものための投資をしたい人
・税の優遇枠を最大限生かしたい人

一般NISA

・資金に余裕がある人
・株式投資をバリバリ楽しみたい人

	NISA		
	ジュニアNISA	**一般NISA(~2023年)**	**新NISA(2024年~)**
利用できる人	日本在住の0 ~ 19歳	日本在住の20歳以上(年齢上限なし)	
口座開設の期間	2023年まで *その後は廃止予定※3	2023年まで	2028年まで
積み立て金額	1回100円~(金融機関で異なる)		
非課税の期間	最長5年間※3	最長5年間	最長5年間
年間上限金額	80万円	120万円	1階部分:20万円 2階部分:102万円
非課税の上限額	400万円	600万円	610万円
選択できる金融商品	・上場株式 ・投資信託 ・ETF ・REIT	・上場株式 ・投資信託 ・ETF ・REIT	1階部分:金融庁の基準を満たした投資信託 2階部分:一般NISAから高レバレッジ投資信託などを除いたもの
投資方法	一括買い付け、積み立て	一括買い付け、積み立て	1階部分:積み立て 2階部分:一括買い付け、積み立て
引き出し制限	18歳以降※3	制限なし	
税優遇 積み立て時	なし		
税優遇 運用時	運用益が非課税		
税優遇 受け取り時	なし		
手数料 加入時	0円		
手数料 運用時(毎月)	0円		
手数料 受け取り時	0円		
途中解約	○		
スイッチングや配分変更	×		

新NISAは、今までより安心して資産形成ができる気がする。初心者にやさしくなったね

フル活用したい、国が用意した私的年金の制度

私が勤めている会社には企業型ＤＣが導入されているので、もちろん私も利用しています。２０年の運用利回りは12％を超え、過去7年間で60万円もの評価益が出ています。

でも、同じ会社にいて同じ制度を利用しても、ほとんど増えていない人もいます。このような差が生まれるのは、他の会社の企業型ＤＣでも、ｉＤｅＣｏを利用した場合でも同じです。

確定拠出年金というのは、あくまで税金が優遇されるという仕組みです。会社や国が投資してくれるものではなく、**自分自身で投資商品を選び、組み合わせていかなければなりません**。選んだ投資商品の成績によっては利回り12％にもなれば、ずっと0％に近いこともあるのです。

では、確定拠出年金の投資にはどんな選択肢があるのかというと、大きく分けると2種類です。**元本がマイナスにならない「元本確保型」と、そうではない「元本変動型」です**。

元本がマイナスにならない、と聞くといいことのように思うかもしれませんが、その中身は定期預金と保険です。つまり、投資ではありません。これを選んでしまうと頑張って積み立ててもほとんど増えないことになってしまいます。特に確定拠出年金は、長い年月引き出せないので、その間に物価の上昇率に負けてしまう可能性が高いです。

投資を始めるのに最適な制度が確定拠出年金。**元本変動型で攻めないともったいない**です。

企業型DCとiDeCoの違いが知りたい

確定拠出年金には、企業型DCとiDeCo（個人型）があります。

日本の年金制度

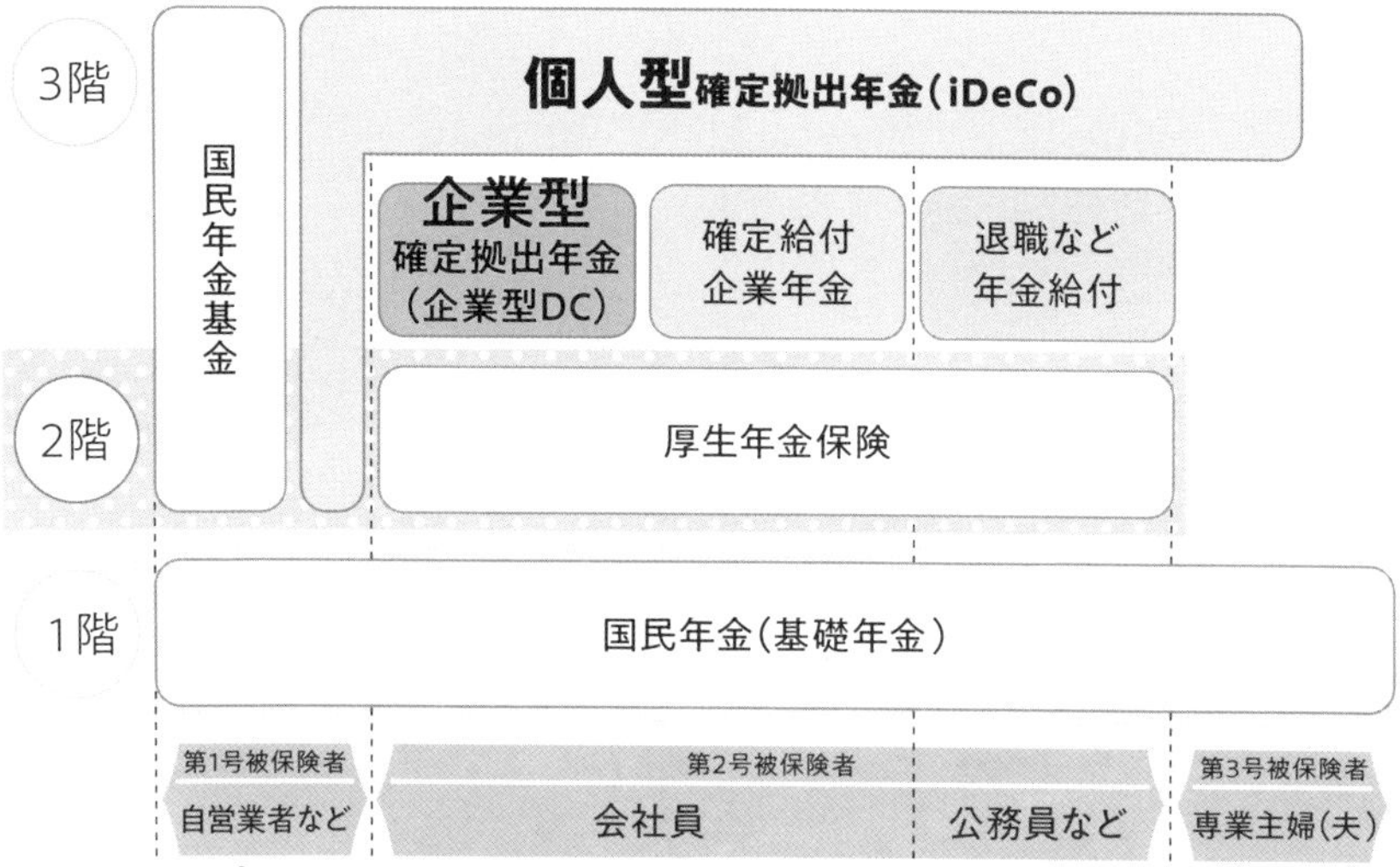

※厚生労働省「わたしとみんなの年金ポータル」

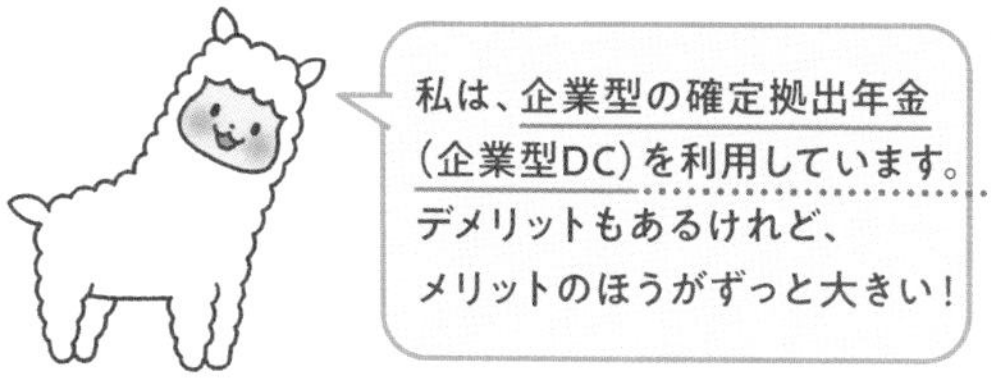

企業型DC

会社が掛け金を積み立て、従業員が自分で運用する制度。

企業型DCならではのメリット

- ☑企業が掛け金を従業員の年金口座に積み立ててくれる（掛け金は個人負担と企業負担の場合がある）
- ☑口座の維持費が、従業員の負担でないことが多い
- ☑転職しても、持ち運ぶことができる

デメリット

- ☑iDeCo（個人型）より選べる金融商品が少ない

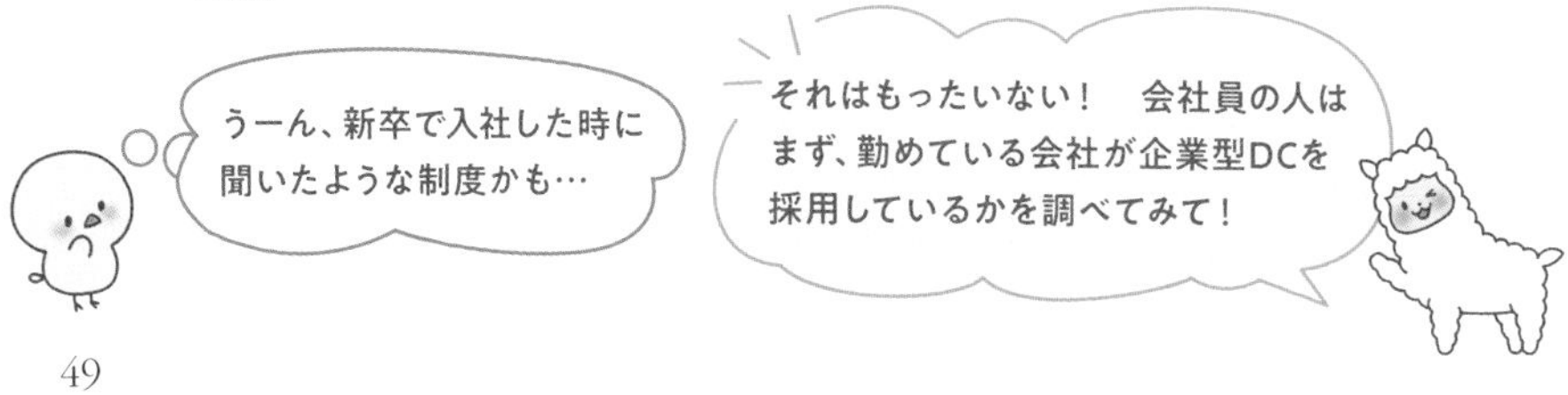

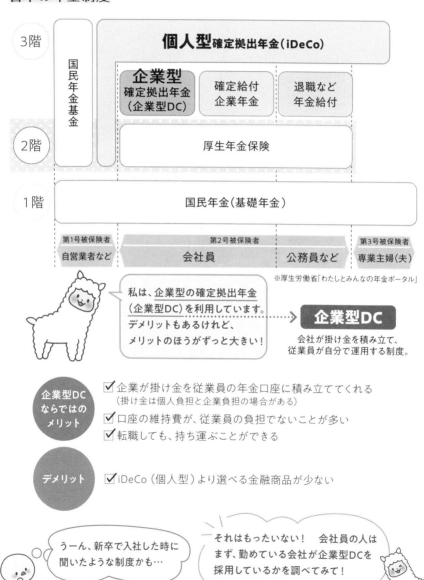

確定拠出年金を利用して、元本変動型で攻めるといっても、中身は投資信託とREIT《リート》（不動産投資信託）です。このうち私は**「商品がシンプルでわかりやすい」という理由で、投資信託**の一択で選んでいます。

さらに、投資信託といってもいくつか種類があるので、自分の考えで投資商品を選んでいくことになります。難しく感じるかもしれませんが、パート3に詳しく書くので安心してください。

そもそも確定拠出年金の商品には、**超シンプルで王道の投資信託**しかラインナップされていません。**コスト面でもかなり低燃費**で運用できるものばかりです。

年間に投資できる金額は会社や職業、フリーランスか学生か専業主婦か、などによって決まっています。**その金額を月で割って毎月、投資信託を買い付けていくとドル・コスト平均法**でリスク分散しながらコツコツと資産を増やしていけるというわけです。

もちろん、その限度額いっぱいまで投資しなくても大丈夫。月5000円から1000円単位で自由に積み立て金額を指定できます。また、途中で掛け金を増やしたり、減らしたり、一時的に投資を止めることもできます。

確定拠出年金で積み立て投資したお金は、**基本的に60歳まで引き出せません**。結婚資金を貯めたいとか、住宅購入費用を貯めたい、子どもの教育資金を貯めたい、といった目先の目標がある方はそちらを優先し、余力のぶんで確定拠出年金を利用していきましょう。

One Point Advice

2022年から企業型DCとiDeCoを併用できるようになります。
この場合の優先順位は企業型DC→余裕があればiDeCoで

どのくらいの節税になるかをチェック

掛け金が所得控除されて運用益も非課税だと、実際の節税額は？

年収500万円、30歳会社員（企業年金なし）の場合

積み立て金額：毎月2万円
積み立て期間：30年
運用利回り：3%（年率）

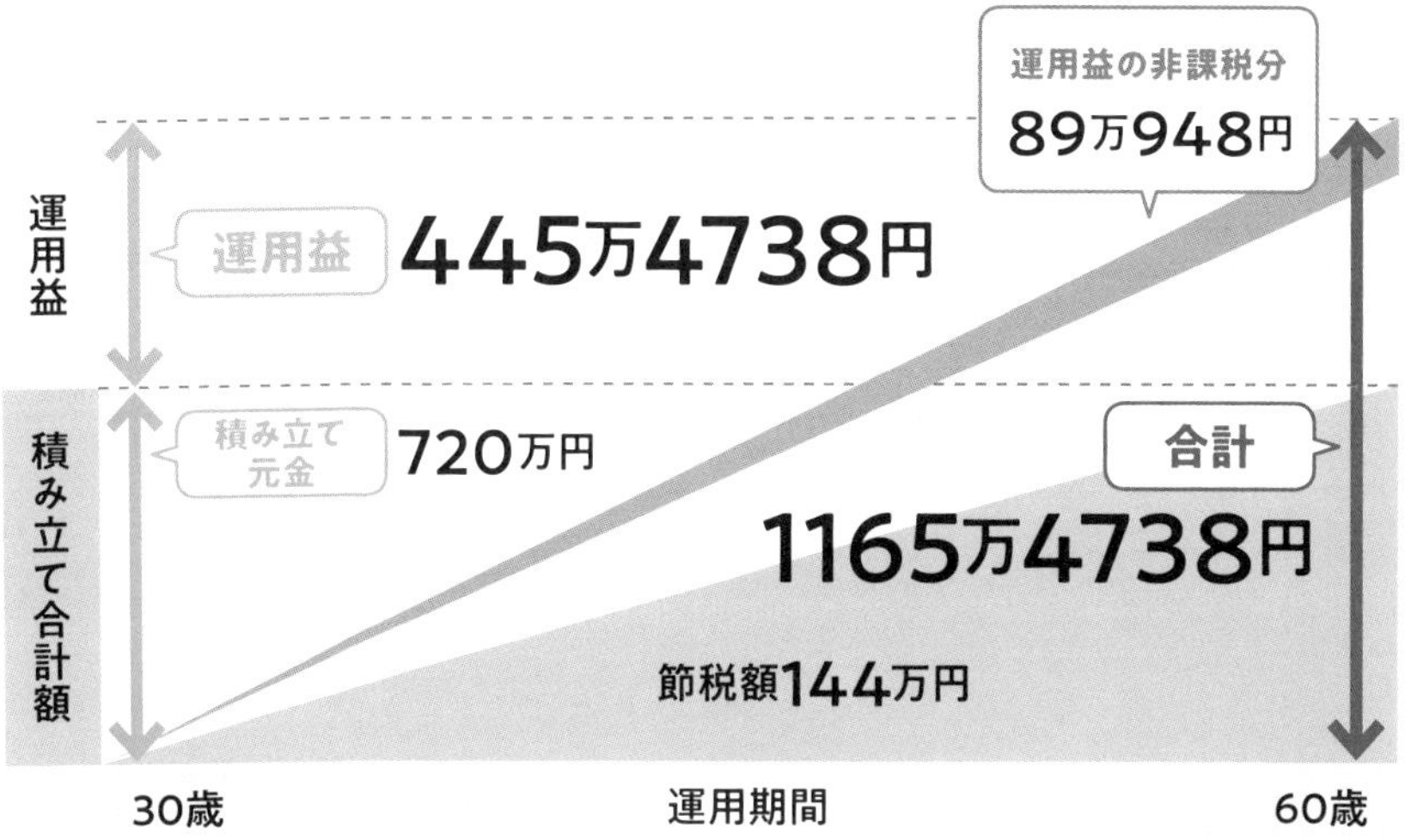

▶年収別のお得度をシミュレーション

30歳会社員（企業年金なし、扶養家族0）、年収が一定と想定すると…

年収	毎月の掛け金	節税額（所得税+住民税）	
		1年間	30年間
300万円	5000円	9000円	27万円
	1万円	1万8000円	54万円
	2万3000円	4万1400円	124万2000円
500万円	5000円	1万2000円	36万円
	1万円	2万4000円	72万円
	2万3000円	5万5200円	165万6000円
700万円	5000円	1万8000円	54万円
	1万円	3万6000円	108万円
	2万3000円	8万2800円	248万4000円

※iDeCo公式サイト(https://www.ideco-koushiki.jp)でシミュレーション

投資商品を見直しても、コストはかからない

確定拠出年金には、まだまだすばらしい点があります。投資は売ったり買ったりするたびにコストがかかるので損になると書きましたが、確定拠出年金はそのコストが基本的にかかりません。**いくら売り買いしても手数料がかからない**ものが多く、まさに魔法の貯金箱です（一部、売却時に信託財産留保額がかかるものがあります）。

だから、この制度のなかで投資信託にチャレンジする限り、たとえ「ちょっと失敗したな」と思っても、何度も無料で見直せるんです。

左の図を見てください。毎月Cという投資信託を買っていたのを、ある月から追加で買うのをやめて以後はDという投資信託を買うことにする場合、確定拠出年金の用語で「配分変更」と言います。

そうではなく、これまでに積み立て投資してきたCの投資信託を売って、そのぶんDの投資信託に変えることもできます。これを確定拠出年金の用語で「スイッチング」と言います。

これを利用して、投資信託の**成績がとてもよい場合は、いったん元本確保型の商品にスイッチングします。こうすることで利益を確定する**ことができます。

このように、配分変更やスイッチングによって自分の資産を調整していくことを、これまた確定拠出年金の用語で「リバランス」と言います。

One Point Advice

30代までは1～3年で配分変更、5年ごとにスイッチングを検討すればOK。50代になったら毎年、利益確定やリバランスを

確定拠出年金は運用商品の見直しが気軽

手数料はなしで掛け金、運用先、割合が変更できます。

配分変更　翌月からの積み立ての商品や金額を変える

配分変更前（～12か月） → **変更後（13か月～）**

配分変更前（～12か月）：1万円
- A投資信託（外国株）5000円
- B投資信託（日本株）3000円
- C投資信託（国内債券）2000円

変更後（13か月～）：1万円
- A投資信託（外国株）5000円
- B投資信託（日本株）3000円
- D投資信託（外国債券）2000円

口座を見ると…

- C 2000円×12か月分
- B 3000円×12か月分
- A 5000円×12か月分

NEW →

- D 2000円×1か月分
- C 2000円×12か月分
- B 3000円×13か月分
- A 5000円×13か月分

C投資信託も口座に残っている

スイッチング　積み立ててきた商品を入れ替える

スイッチング前（～12か月） → **スイッチング後（13か月～）**

スイッチング前（～12か月）：1万円
- A投資信託（外国株）5000円
- B投資信託（日本株）3000円
- C投資信託（国内債券）2000円

スイッチング後（13か月～）：1万円
- A投資信託（外国株）5000円
- B投資信託（日本株）3000円
- C投資信託（国内債券）2000円

口座を見ると…

- C 2000円×12か月分
- B 3000円×12か月分
- A 5000円×12か月分

→

- C 2000円×1か月分
- D 2000円×12か月分
- B 3000円×13か月分
- A 5000円×13か月分

これまで積み立てたCを売ってDを購入

Cの投資信託をDにスイッチング。配分変更はしていないから、月々の積み立て商品は変わりません

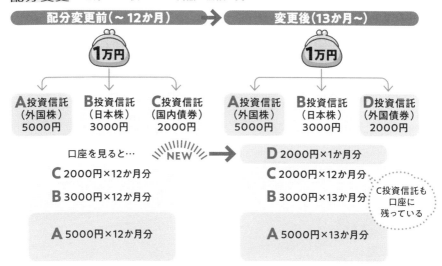

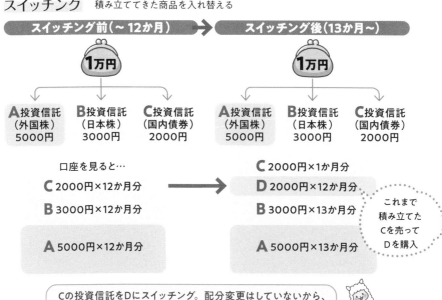

税金が安くなる、60歳以降での受け取り方

具体的にどんな投資信託を選べばよいのかはパート3で詳しく見ていくこととして、ここでは確定拠出年金の出口のシステムについてお伝えします。

基本は60歳以降に受け取ることになりますが、万一、その前に病気などで障害が残った場合は「障害給付金」として、亡くなった場合は遺族が「死亡一時金」として受け取ることができます。死亡一時金の場合は相続税の対象です。

60歳以降の受け取り方には、左の図のように大きく3つの選択肢があります。

私は間違いなくふたつめの「年金」を選びます。なぜなら、もともと老後用として**「必要に応じて切り崩せる資産と、リタイア後も続く定期的な収入」**を、確定拠出年金の目的としていました。それを叶えてくれるのが、年金として受け取る方法です。

一時金として受け取って一気に現金化してしまうより、少しずつ受け取りながらも残りを**投資信託のまま運用していくほうが、まだまだ増えていく**可能性が残ります。

それに、受け取る時点で利益が確定することになるので、もしもその時にリーマショックやコロナ禍のようなタイミングが重なると、ガクッと目減りした状態で現金化されてしまいます。**引き続き時間を味方につけて運用するため**にも、この方法が最適です。

One Point Advice

確定拠出年金は「なかなか引き出せないもの」と覚えておいてください。老後に年金として分割で受け取ります

受け取りは60歳以降、3種類から選ぶ

受け取る方法によって、控除される税金が変わります。

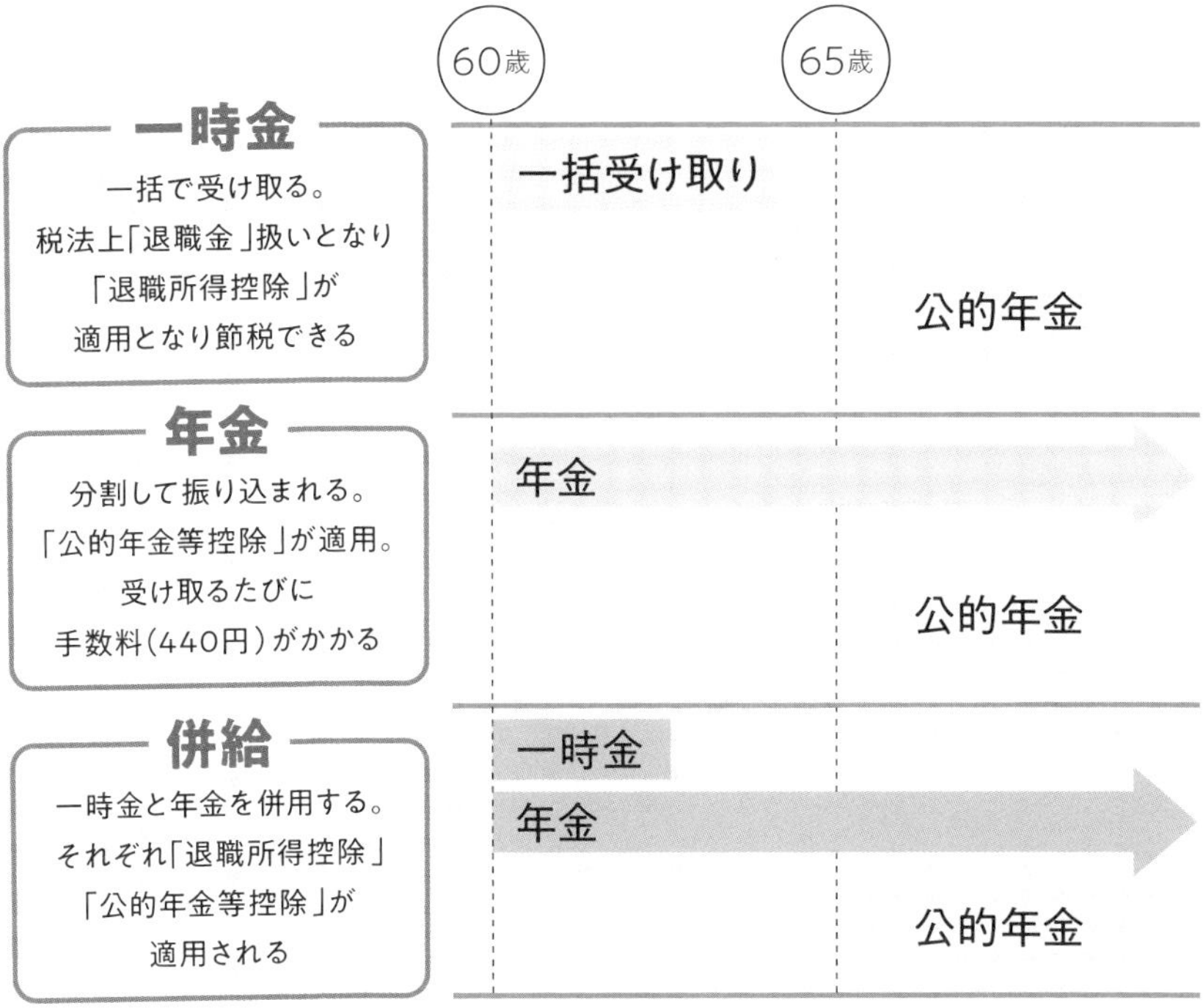
60歳
65歳
一時金
一括で受け取る。
税法上「退職金」扱いとなり
「退職所得控除」が
適用となり節税できる
一括受け取り
公的年金
年金
分割して振り込まれる。
「公的年金等控除」が適用。
受け取るたびに
手数料(440円)がかかる
年金
公的年金
併給
一時金と年金を併用する。
それぞれ「退職所得控除」
「公的年金等控除」が
適用される
一時金
年金
公的年金

どの方法で受け取るのがよいの？

60歳過ぎて、一気に受け取っても、改めて資産運用を考えるのは大変。
つい使ってしまったりする可能性もあるから、
その先も長い老後に備えられるか不安ですね。
運用しながらコツコツ受け取れる年金を、私は選択すると思います

60歳前に受け取ることはできないの？

受け取れるのは、加入者が死亡したり、
高度障害者になったりした場合のみです

投資商品で使い分けたい、ふたつのNISA

確定拠出年金の限度額以上に投資をする場合は、NISAの制度を使いましょう。確定拠出年金と同様、年間の投資上限額があり、運用利益に対する20・315%の税金はかかりません。一方で、確定拠出年金と違い、投資したお金は所得控除にはなりません。そのぶん、お得度は小さくなりますが、それでも制度を使わずに投資するのに比べて大きなメリットがあります。

つみたてNISAと一般NISAは両方同時に使えないので、どちらかひとつを選択します。つみたてNISAの投資の対象商品は、金融庁がセレクトしたシンプルな投資信託と、ETF（上場投資信託）という投資信託の一種です。

一般NISAは、さらに株式とREITが加わります。

前述のように、私は極力シンプルな投資をするための選択肢は投資信託か株式だと思っているので、**投資信託ならつみたてNISA、株式なら一般NISA**と使い分けるのがおすすめです。

確定拠出年金と違って、NISAでは**途中で投資をやめたり、投資したお金を引き出したりするのは自由**です。スイッチングの制度はないので、投資先を変えたい場合や利益を確定したい場合は買い換えとなります。

One Point Advice

ビギナーさんはつみたてNISAのシンプルな投資信託がおすすめ。ネット証券なら月100円から積み立てできます

NISAの運用は、超分散型がさぶ流

私が現在、運用しているつみたてNISAを公開します。

楽天証券で5つの投資信託を購入中

毎日積み立て（平日のみ）

A投資信託 300円

B投資信託 300円

C投資信託 300円

D投資信託 300円

証券口座から引き落とし

NISA口座

毎月積み立て（1日に設定）

E投資信託 1万円

楽天カード払いのため クレジット決済の 1%分のポイント獲得

クレジットカード決済

※楽天証券では、毎月積み立てのみ、楽天カードのクレジットカード払いができる。
その際、100ポイントを利用するよう設定すれば、SPU（楽天市場のお買い物の基礎ポイントを上げるプログラム）の＋1倍、ポイント還元率がアップ。

なんで毎月ではなく、毎日の積み立てにしているの？

毎日の積み立ては、超ドル・コスト平均法（30ページ）となります。「昨日すごく下がったから、買えばよかった」がなくなり、毎日の値動きが気にならなくなるよ

楽天証券を選んでいる理由は？

楽天カードと連携することで、ポイント還元率が上がるなどの楽天経済圏の恩恵が受けられるから！

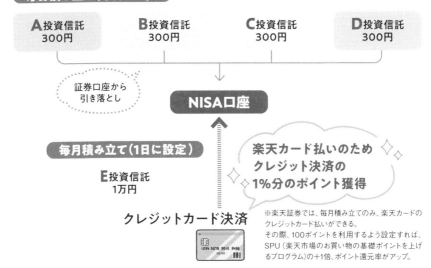

証券口座は、利用しやすいところで開設する

制度のことがわかったらいよいよ、確定拠出年金やＮＩＳＡで投資を始めましょう！
勤務先の会社に企業型ＤＣの制度がある場合は、人事に相談してみてください。
ｉＤｅＣｏやＮＩＳＡは、自分で口座を開設します。どこで開設するかというと、銀行や郵便局、そして証券会社です。

そのなかで、私は**証券会社をおすすめします**。なぜなら、選べる銘柄が多いから。そして、いざという時に相談できる相手が投資のプロだから。なにより、ゆくゆく投資の幅を広げていく時にも選択肢が多いからです。

証券会社には、対面で相談できる店舗型証券と、ネット証券の2種類があります。**手数料の点では、一般的にネット証券のほうが有利**です。そして、ネット証券のなかでも大手とされる楽天証券とＳＢＩ証券に人気が集まっています。私はどちらにも口座を持っています。

楽天証券では、５００円以上の投資信託を購入する際に1ポイント以上楽天ポイントを利用すると、楽天市場でのお買い物でポイント還元率が上がります。楽天銀行の口座と連携しておくと、普通預金の利息が０・１％にアップするというのも魅力です。

One Point Advice

楽天証券のつみたてNISAで楽天カード払いだと楽天ポイントも貯まる！　楽天銀行の普通預金の利息も100倍に

投資口座の開設はネット証券がおすすめ

ネット証券は、品揃えの充実と手数料の安さが魅力です。

	iDeCo		つみたてNISA			
	積み立て金額	投資信託取り扱い数	積み立て金額	投資信託取り扱い数	毎日積み立て	クレジットカード利用
楽天証券	5000円～	32本	100円～	177本	○	○
SBI証券	5000円～	36本※1	100円～	175本	○	○
野村證券	5000円～	32本	1000円～	7本	×	×
三菱UFJ銀行	5000円～	33本	1000円～	12本	×	×

※2021年9月7日各社ホームページより
※1 SBI証券セレクトプランの場合

楽天証券とSBI証券がネット証券だね

ラインナップやコストを考えると、ネット証券が圧勝です。
元証券ウーマンの私からすると、相談しながら
運用したい時は店舗型証券もありです

▶ネット証券での口座の開設手順

Step 1 証券会社のホームページにアクセス

Step 2 メールアドレスと氏名・住所などを登録

Step 3 本人確認書類の提出

・マイナンバーカード
または
・マイナンバー通知カード
＋
確認書類（運転免許証、パスポート、健康保険証など）

Step 4 開設する口座を選ぶ

おすすめ
・特定口座（源泉徴収あり）→確定申告が不要
・特定口座（源泉徴収なし）→確定申告が必要
・一般口座→確定申告が必要
・NISA口座または、つみたてNISA口座

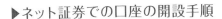

Let's Try

ネット証券で口座を開く

※例：楽天証券

1 証券会社のホームページにアクセスする

楽天証券の場合は、楽天会員かどうかを選択する

2 連絡用のメールアドレスを送信する。届いたメールを開封してアクセス

3 本人の確認書類を提出する

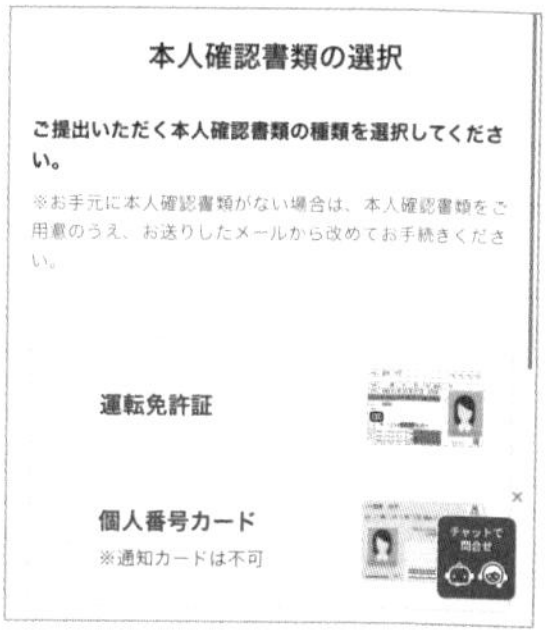

確認書類
「マイナンバーカード」、
または
「運転免許証」

本人の確認書類も、
スマートフォンで完結できます！

4 顔写真を撮影する

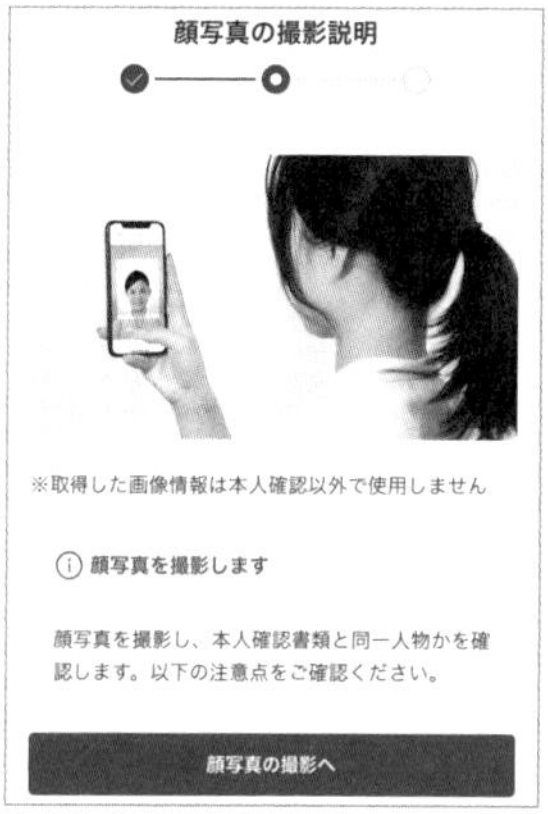

5 住所、氏名などを入力する

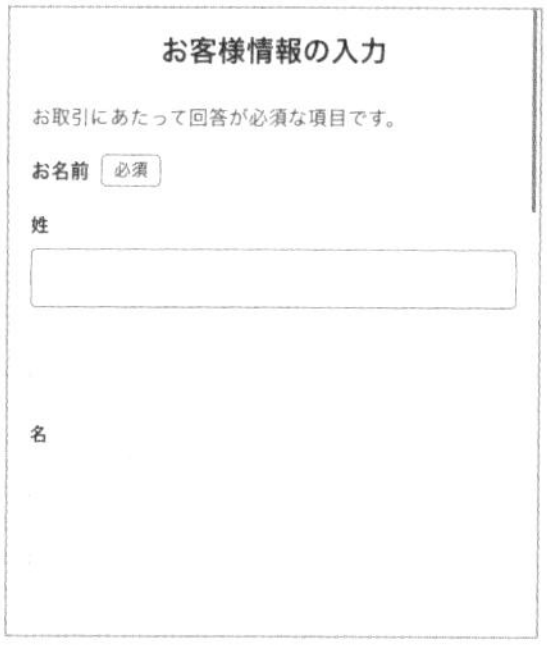

6 開設する口座の種類を選ぶ

口座は特定口座を選びましょう。
さらに、源泉徴収ありを選ぶと、
証券会社が納税までしてくれます

7 ネット銀行の口座開設を選択

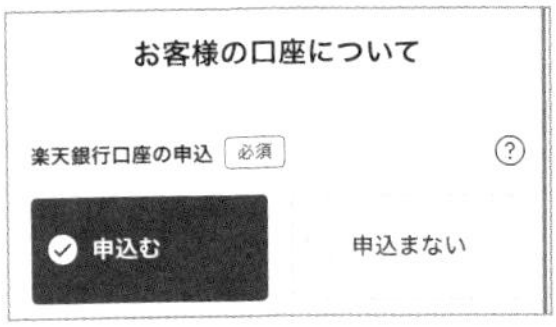

ネット証券と連携している
ネット銀行がある場合は、
銀行口座も開設できるん
だね。特典もあるみたい

8 各種規約の同意確認

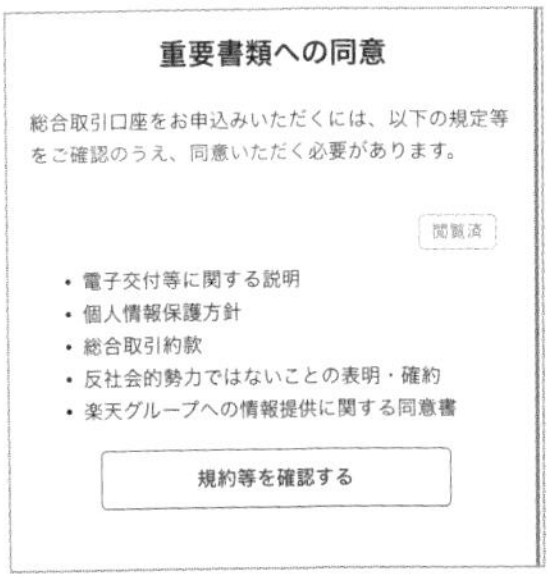

9 ログインしてメニューから該当ページへ

Let's Try

iDeCo を始めてみよう

※例：楽天証券

1 証券会社のiDeCo申し込みページにアクセス

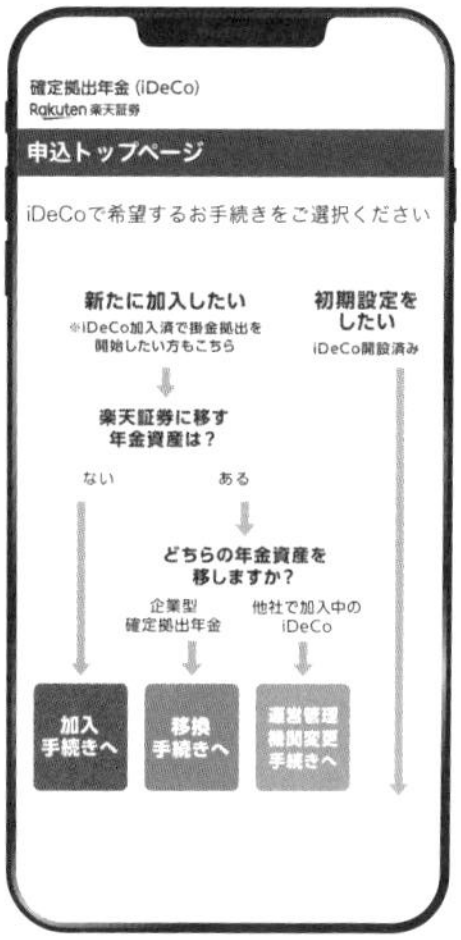

2 職業を選ぶ。今回は「会社員など」を選択

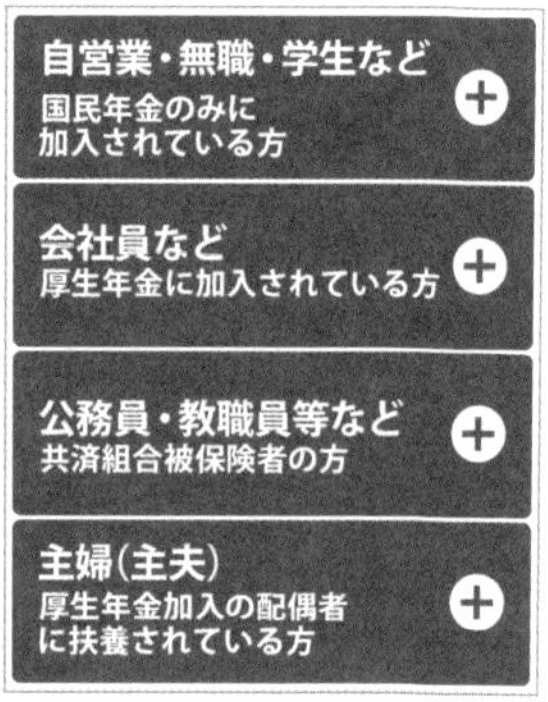

3 総合口座へログイン。または口座開設へ

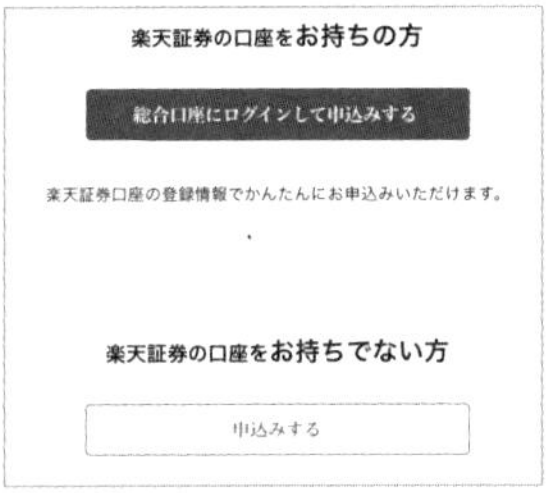

4 住所、メールアドレスなど加入者情報を入力する

職業によって、始め方がちょっと変わるんだね！
60歳以降に開けられる夢の貯金箱。コツコツと積み立てて大きく増えますように！

5 申し込み書類が届く。
「事業主の証明書」を
勤務先の人事や総務、
経理担当に記入してもらう

事業所登録申請書 兼 第2号加入者に係る事業主の証明書

6 「加入申出書」を記入する

個人型年金加入申出書

7 必要書類を返送する。
掛け金区分などによって、
返送書類が異なるので注意

8 書類の審査のため、
手続き完了まで
1～2か月かかる

審査が完了すると

- 個人型確定拠出年金確認通知書
- 口座開設のお知らせ
- コールセンター／
パスワードの設定のお知らせ

の3つが郵送で届く

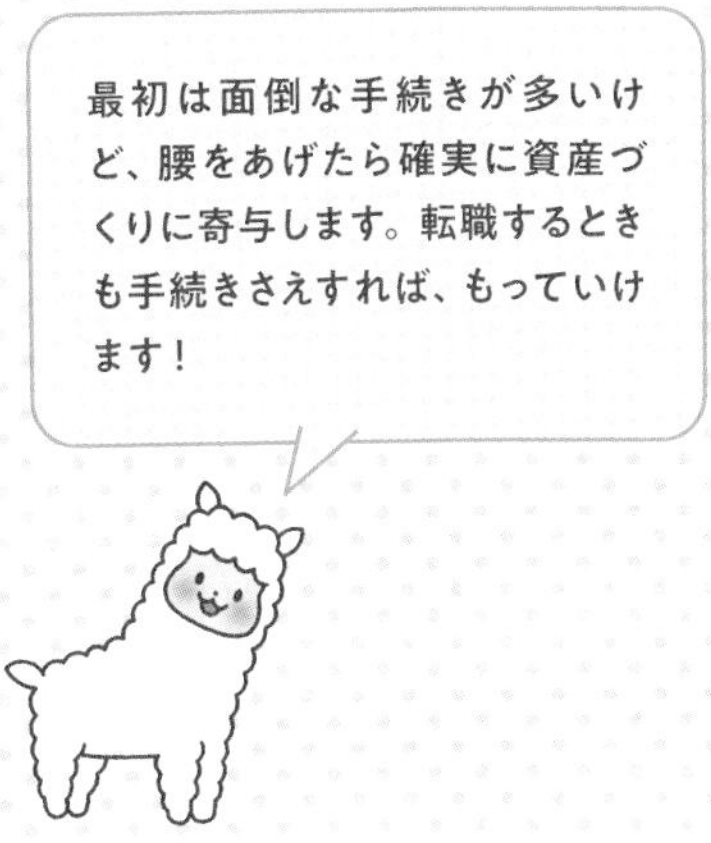
最初は面倒な手続きが多いけど、腰をあげたら確実に資産づくりに寄与します。転職するときも手続きさえすれば、もっていけます！

掛け金は、毎月の定額積み立てがおすすめ
引き落とし口座は、給料口座に設定がベターです

2024年から運用開始の新NISAとは

一般NISAの拠出可能期間（投資できる期間）は2023年で終わってしまいます。2024年以降は**新NISAへと改正されて、さらに5年間、運用利益非課税**で運用できます。新しいNISAは、2階建てで投資するシステムになるんです。

1階部分の年間投資上限額は年20万円。ここでは金融庁がチェックした投資信託を買うことができます。これを少額でもいいので投資すると、2階部分の投資ができます。

2階部分の投資上限額は年102万円。一般NISAから比較的リスク&リターンが高めの投資信託を除いたラインナップ（投資信託、株式、ETF、REIT）に投資できます。

なんとなく、つみたてNISAと一般NISAの合わせ技、といった感じですね。

やはり、**株式への投資をお得に続けたい場合は、新NISAを利用する**のがよさそうです。

運用利益が非課税になる期間は5年間と一般NISAと同じですが、さらに、**1階部分を5年間利用したあと、つみたてNISAに移すことができます**。このように、非課税期間が終了する商品を移管して、非課税期間を延長することを、NISAの用語で「ロールオーバー」と言います。これで実質は25年間、運用利益非課税で運用を続けることができる、というわけです。

One Point Advice

2024年から一般NISAは新NISAに変わります。よくわからなければ、つみたてNISAでゆる投資を続けましょう

Part 3

まず始めたいのは投資信託を購入すること

投資のプロが運用する投資信託は、ゆる投資派に
嬉しい金融商品です。リスクをどこまで許容できるかを
見極め、選び方のコツを押さえてスタート！

Keyword

「投資信託」を知るキーワード

投資信託《とうししんたく》

各国の株式や債券などを組み合わせた金融商品。「ファンド」とも呼ばれます。さまざまなタイプがありますが、中身がシンプルでコストの安いものがベスト。確定拠出年金、NISAでも投資できます。

インデックス型《がた》

日経平均株価のような、世界各地の株価指数と連動することを目標に運用される投資信託。対する「アクティブ型」よりコストが低いのに長期的に運用成績が高いものが多く、ゆる投資に向いています。

ダウ平均《へいきん》
S&P《エスアンドピー》500

どちらもアメリカの株価指数です。「ダウ平均」は正式には「ダウ工業株30種平均」で、アメリカを代表する30社が随時入れ替わります。「S&P500」は大型株500社で構成され、インデックス型投資信託の指数として人気です。

ポートフォリオ

金融商品の組み合わせ。自分の資産全体をタイプの違う投資信託や株式などに振り分けて、リスクが偏らないよう分散投資するのが一般的。ひとつの投資信託の内容を、ポートフォリオと呼ぶこともあります。

目《もく》論《ろ》見《み》書《しょ》
運《うん》用《よう》報《ほう》告《こく》書《しょ》

「目論見書」は投資信託の内容(運用方針、リスク、実績、手数料など)を細かく書いた書類。「運用報告書」は投資信託の成績や資産状況が書かれていて、これからどうなるか?という予測に対する方針が書いてあります。

円《えん》高《だか》 円《えん》安《やす》

外貨による投資は為替の変動も影響します。たとえば、1米ドル=100円の時に投資を始めた場合、101円以上になったら「円安」、1米ドル=99円以下になったら「円高」。円高で投資を始めて円安で売却すれば大成功。

ゆる投資におすすめ「投資信託」の魅力

投資信託とは、**さまざまな金融商品を詰め合わせた福袋**だと考えてください。雑貨屋さん、洋服屋さん、デパートといろいろな福袋があるように、投資信託もそれぞれに特徴があります。

グーグルやアマゾンのような世界的なハイテク企業の株式がたくさん入っている福袋。

日本の銀行や自動車メーカーなど、身近な会社の株式がたくさん入っている福袋。

これから成長が見込まれる新興国の金融商品がたくさん入っている福袋…。

そうです！　1万円では買えない**好きな有名企業の株式や、自力では買いにくい国の金融商品を、投資信託なら100円から、少額で簡単に保有できる**点が大きな魅力です。

たとえば私なら、アメリカ企業の株式が詰まった投資信託を選んでいます。日本企業は私にとって身近なので、個々に「この企業を応援したい」「もっと伸びそうだ」と肌感覚で理解できます。そのため、日本企業への投資は株式が多いです（94ページ）。

しかし、アメリカの企業となると、フェイスブックやアマゾン・ドット・コムのような超有名企業はまだしも、その手前の伸びそうな会社の情報は得られないし、自分で目利きもできません。投資信託なら、アメリカ経済に詳しいプロが選んで詰め合わせたものや、アメリカの株価指数に沿って選ばれたものなどに投資することができます。

投資信託は、さまざまな銘柄が入った福袋

ファンドとも呼ばれる投資信託は、金融商品の詰め合わせです。

10万円を投資したい！

株式の場合

日本株を
1銘柄（100株）購入

投資信託の場合

米国株のインデックス型の
投資信託を購入。
銘柄数は約4000！

投資信託は1種類のなかにいくつもの
銘柄が入っています。
しかも、投資のプロが運用してくれる
というのが、ゆる投資派には嬉しい！

たとえば…

楽天・全米株式インデックス・ファンド
愛称：楽天・バンガード・ファンド(全米株式)

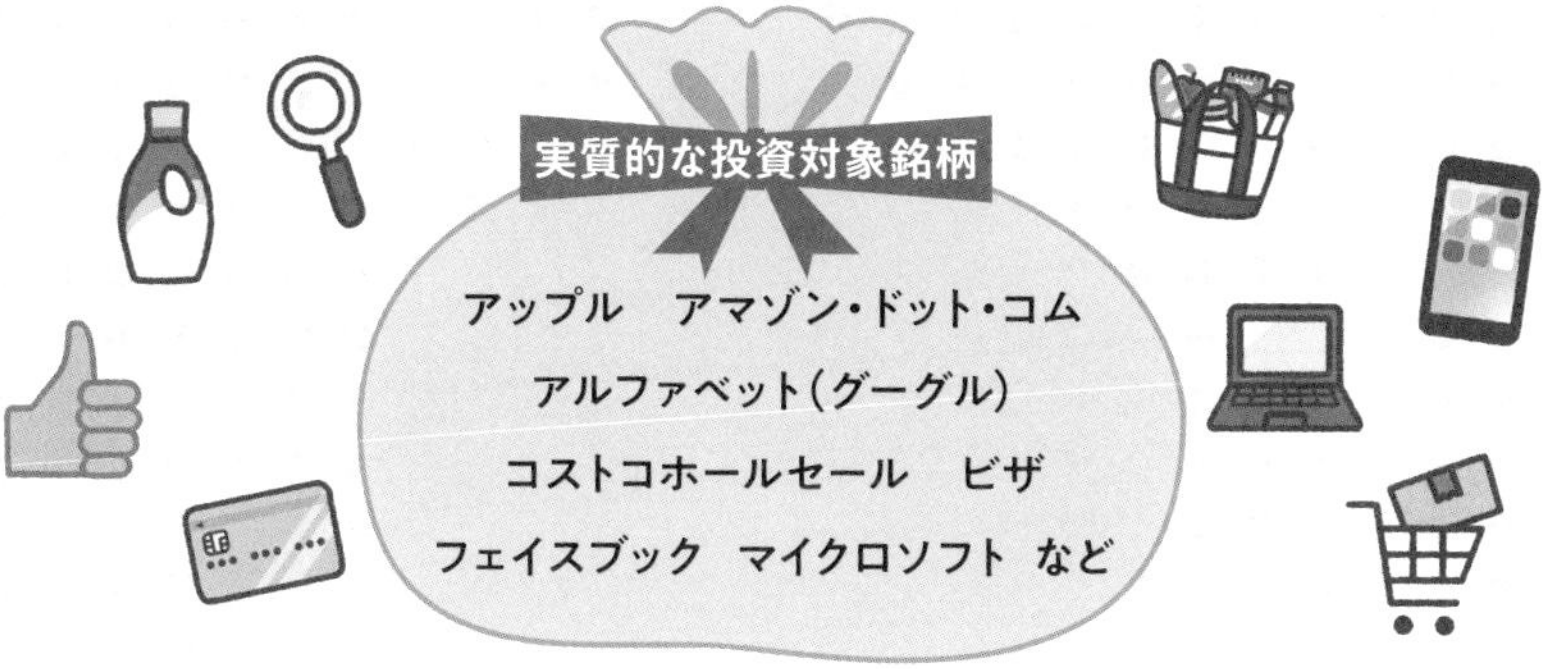

すごい！ 知っている企業がいっぱい

株式とは違って、少額で購入できるのがいちばんの
魅力です。だから始めやすいし、いくつか購入して
分散もできるから、ビギナーさんにおすすめ

投資信託は福袋ですから、中身を全部知る必要はありません。

・どんな方針で詰め合わされているのか
・主に、どの地域の、どんな金融商品が、どの通貨で、どんな割合で入っているか

これを理解して、**「10年後、20年後も上がっていそう」「自分のリスク許容度に合っている」と思える投資信託を選んでいく**ことになります。

その選択次第で、２種類の利益が得られます。

・値上がり益（キャピタルゲイン）
・分配金（インカムゲイン）

投資信託１口または１万口あたりの価格を「基準価額」と言い、買う時に基準価額１万円だったものが売る時に２万円になっていれば、１万円の値上がり益を得られたことになります。まぁ、そんなにきれいな値上がり益を狙うのは難しいので、時間を活用してドル・コスト平均法（30ページ）を使っていきましょう。

分配金については、昔は「分配金あり（＝受け取る）」が主流でした。でも、**分配金を受け取らず、同じ商品を購入する再投資**が今の主流になっています。

One Point Advice

確定拠出年金やつみたてＮＩＳＡで投資信託にチャレンジ。憧れの超有名企業に少額で投資できます

知っておきたい、投資信託の仕組み

プロが運用してくれる投資信託は、ゆる投資の強い味方です。

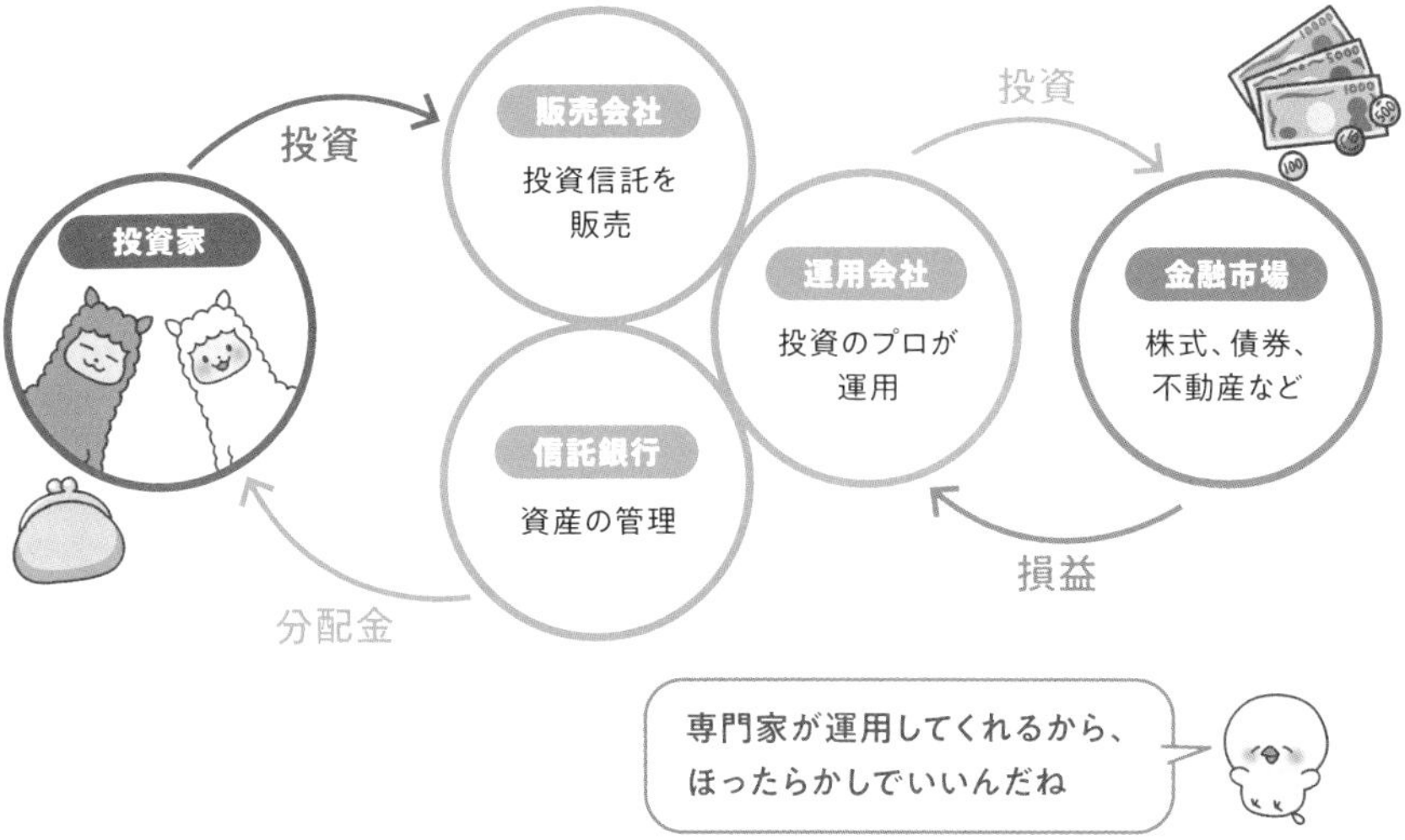

▶投資による利益は2種類

分配金（インカムゲイン）

投資信託では決算ごとに、利益の一部として分配金が支払われます。そのタイミングは商品によって異なります。
※分配金を出さないタイプが増えてきました。

値上がり益（キャピタルゲイン）

投資信託の価格（基準価額）が、購入時より高くなったことで生じる差額分。保有銘柄の売却時に受け取ります。

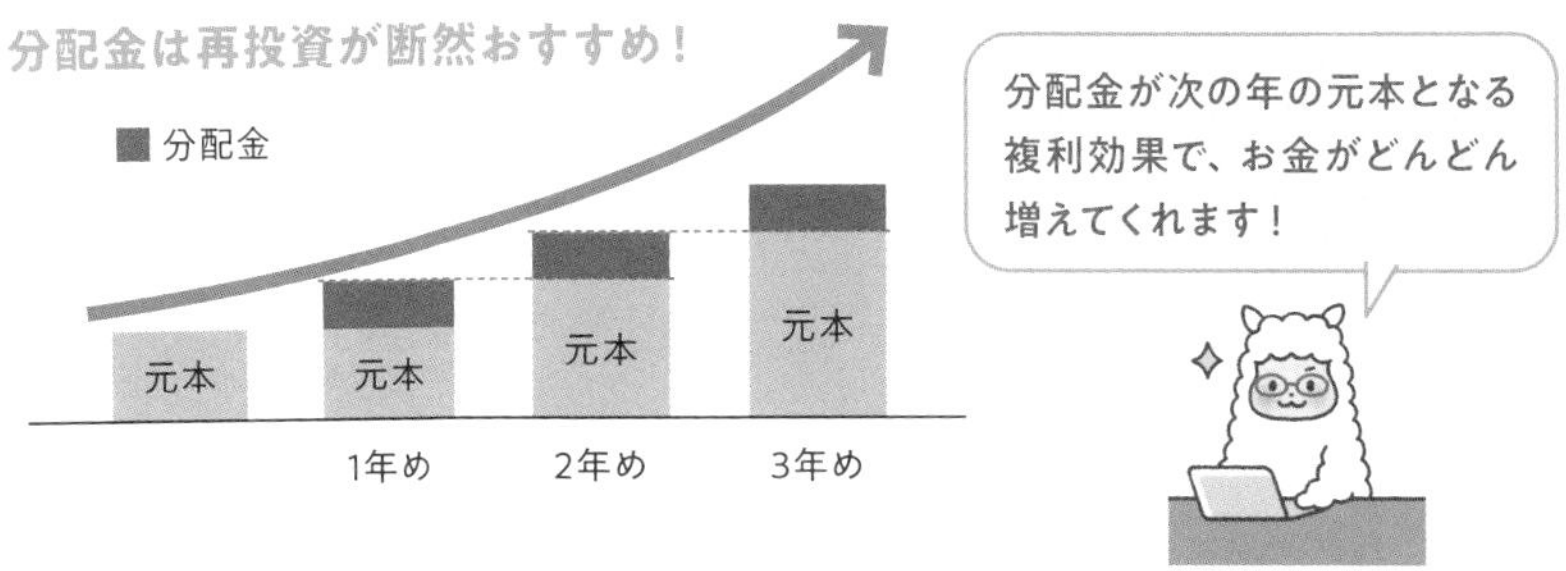

投資信託を選ぶ時に、知っておきたいこと

ここから投資信託の選び方を説明します。この順で考えていけば最適な1本が見つかります。

まず、地域です。日本に住んでいる私たちのリスク&リターンの低い順に選択肢をまとめると

①日本国内（為替の影響を受けない）
②海外の先進国（アメリカ、ヨーロッパなど）
③海外の新興国（中国、インドなど）

10年後、20年後も変わらずアメリカが世界経済の中心だと思うならアメリカの金融商品をメインに組み込んだ投資信託を、中国がすごいだろうと思うなら中国のものに、逆にヨーロッパが盛り返すだろうと思うならヨーロッパに、というような視点で考えていきましょう。

私は、これからも世界経済を引っ張っていく国はアメリカだと思っているので、「②海外の先進国」を選んでいます。新興国というのは、中国やインドなど株式市場があるくらいの規模の大きさで途上国とはまた違います。とはいっても、リスクが高そうな国もあるので、現時点では私は消極姿勢です。

ただし、海外の場合はどこの地域を選んでも、外貨で運用されることになります。つまり、為替の影響を受けるので、それだけ値動きが激しくなります。

全世界に投資するものもあります。**10年、20年先はどこが盛り上がっているかわからないというのであれば、そういう「全世界型」に投資**するのもよいでしょう。

次に、金融商品の種類によるリスク&リターンを見ていきます。

❶債券（国や地方公共団体、企業が資金調達のために発行するもの）
❷REIT（不動産を投資対象とする投資信託）
❸株式（パート4で詳しく説明します）

地域の①〜③と、金融商品の❶〜❸の組み合わせで、リスク&リターンは決まります。「日本の債券に投資する」という方針なら安定的、「新興国の株式に投資する」という方針なら積極的、という感じです。

地域の①〜③、金融商品の❶〜❸を混ぜ合わせた投資信託もあります。これを**「バランス型」と言います。その場合は何をどんな比率で混ぜる方針かによってリスク&リターンが決まります。**

以上をまとめて、改めてリスク&リターンの低い順に並べると、次のようになります。

1. 国内債券型の投資信託
2. 海外債券型の投資信託（先進国→新興国）
3. REIT（国内→海外）

4．国内株式型の投資信託
5．海外株式型の投資信託（先進国→新興国）

「…ってことは、リスクの高い株式型は避けるべき？」と思うかもしれませんが、ちょっと待ってください。

株式型は運用方針によってタイプが分かれます。

・インデックス型（株価指数と連動することを目標に、ほぼ自動的に中身が選ばれる）
・アクティブ型（株価指数を上回る成績を目指して、プロが吟味して中身を厳選）

一見、アクティブ型のほうがよさそうに思うかもしれませんが、長期的なリサーチではインデックス型のほうが成績優秀と出ています。しかもアクティブ型は運用の手間がかかるのでコストが高く、長期の運用に不向きです。確固たる考えがない限り、**インデックス型が賢い選択**と言われています。

インデックス型といっても、日本の「日経平均株価」と、米国株式市場の動きを反映する「ダウ平均」では動きが違います。また、同じ日本でも東証1部上場企業の株価指数「TOPIX」と、そのうち代表225社による日経平均株価とではやはり変わります。

それぞれの指標について、どう変動しているかを証券会社のホームページなどで見てみてください。「これから20年間も右肩上がりになりそうかな？」と考えて選んでいきます。

商品のタイプを知れば、選び方は簡単

投資信託はそれぞれ、地域と種類を組み合わせています。

Step 1 投資先の国や地域を選ぶ

国内	先進国	新興国
日本の企業が対象。為替の影響を受けず、商品の種類が多い。情報が得やすく、知っている投資先も多い	アメリカ、カナダ、ヨーロッパなど。値動きは安定し、また情報が多いから値動きを把握しやすい	中国、ブラジル、インド、ロシア、南アフリカなど。急成長を期待できる一方、市場は小さい。不安定

※新興国は途上国とは異なります。中東・アフリカ地域を中心に新興国でカバーされない国々は、フロンティアと呼ばれる市場があります。ほかに、投資不可能地域も。

Step 2 投資する商品の種類を決める

債券	REIT（不動産）	株式
国や企業が資金調達を目的に発行。安定性は高いが、リターンは小さい	投資対象が不動産。投資家はその価値に投資する	株式市場に上場している企業に投資。債券よりハイリスク・ハイリターン

現在のゼロ金利政策で債券のリターンはとても低く、またコロナ禍の影響でREIT（不動産）は少し厳しくなっています。近年は、株式により注目が集まっています

こうして見てみると、アメリカの経済指標が日本と比べてぐんぐん伸びていることがわかると思います。長期投資で時間を味方につけられるのなら、**アメリカの株式を中心とする投資信託くらいのリスクを取ってもいい**のではないか、というのが私の考えです。

特に、確定拠出年金やつみたてNISA、新NISAの範囲内で投資信託を選ぶのならなおさらです。あまりにリスクの高いものや複雑な仕組みのものは、もともと選択肢に入っていません。

もちろんアップダウンはありますが、ドル・コスト平均法でコツコツ積み立て投資をしていくぶんには「大損する」なんてことにはなりません。

たとえ、一時的にマイナスになっても、時間を味方にして、また上がるのを待てばいいのです。

そのようなリスクより、リターンの可能性を手放す機会損失を恐るべき、と私は考えています。

実際、ここ数年はアメリカのS&P500（米国企業の中から500社を選出した指数）に連動したインデックス型と、全世界の株式の指数に連動する全世界型に人気が集まっています。

迷ったら人気ランキングを見て上位のものを選ぶのもおすすめです。

こうした情報（どの地域の、どんな金融商品が、どんな割合で入っているか）というのは、投資信託の名前を見るとだいたいわかります。

たとえば、S&P500のインデックス型や、全世界型など同じような投資対象の投資信託でも、自分が口座を開いた証券会社にAという投資信託、Bという投資信託…など、複数の銘柄があります。その場合、やはり**信託報酬の安いものを選ぶ**のが賢明です。

One Point Advice

迷ったら「米国株式」または「全世界株式」のインデックス型を選べば失敗しない。複数持つのも大アリです

株式型は、インデックス型一択でOK

株式型は地域と種類を選んだら、最後に運用方針を決めます。

「インデックス型」

市場の動向を示す指標や指数のこと。その指標に連動した成果を目指す投資信託を、インデックス型（インデックスファンド）と言います。

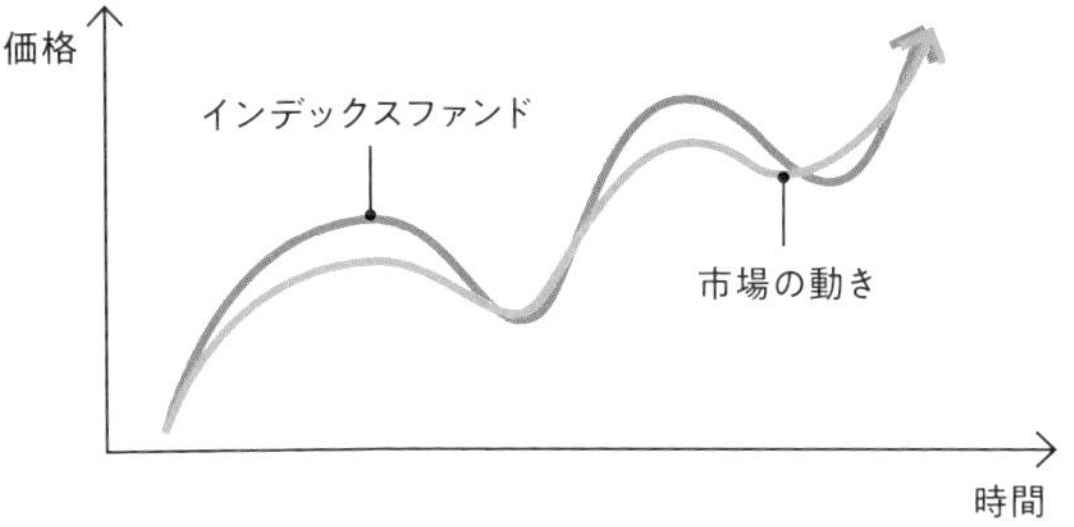

特徴	
コスト：	比較的安い
リスク：	比較的低い
値動き：	指数に連動するので堅実な動き

▶主な株価指数

	日本		アメリカ	
名称	日経平均	東証株価指数（TOPIX）	ダウ平均	S&P500
構成銘柄	日本を代表する225銘柄	東証1部に上場している全銘柄	米国経済を代表する30銘柄	流動性がある大型株から500銘柄をセレクト
指数の種類	平均株価	時価総額	平均株価	時価総額

Memo

インデックス型に対して、「アクティブ型」と呼ばれる運用法があります。こちらは、投資のプロが株価指数を上回る成果を目指すもの。銘柄を細かく選定し運用していくため、コストが高くなりがちです。しかも、必ずしもパフォーマンスがよいとは限りません。

ゆる投資派は迷わず、インデックス型を選んでください

さぶセレクト

確定拠出年金、つみたてNISA

おすすめファンド

米国の株式に投資したい

楽天・全米株式インデックス・ファンド

（楽天・バンガード・ファンド（全米株式））

米国市場の約4000銘柄に広く投資できるファンド。今注目の米国株投資への最初の一歩におすすめです。楽天証券のファンドセレクションにも選ばれています。

ファンドスコア	☆☆☆☆☆
純資産総額	3519億3800万円
基準価額	1万8453円
購入時手数料	なし
運用管理費用	0.162%
直近1年間のリターン	40.27%

先進国の株式に投資したい

eMAXIS Slim 先進国株式インデックス

日本を除く、アメリカ、イギリス、フランスなど世界22か国の先進国に投資。7割は米国株式で、3割がその他になります。安いコストが最大の魅力です。

ファンドスコア	☆☆☆☆☆
純資産総額	2486億6000万円
基準価額	1万8598円
購入時手数料	なし
運用管理費用	0.1023%
直近1年間のリターン	37.96%

株式はちょっと怖い…。バランスよく投資したい

eMAXIS Slim バランス（8資産均等型）

国内・先進国・新興国の株式と債券、国内と先進国の不動産、これら8資産に12.5%ずつ均等に投資。バランスを取りながら、利益の追求も狙っています。

ファンドスコア	☆☆☆
純資産総額	1131億5200万円
基準価額	1万3509円
購入時手数料	なし
運用管理費用	0.154%
直近1年間のリターン	20.83%

※「ファンドスコア」は楽天証券経済研究所がもつ独自の定量評価指標
※2021年9月3日現在

2021年上半期、楽天証券で積み立て購入された投資信託上位10銘柄

iDeCo

順位	投資信託名	基準価額	運用管理費用
1	楽天・全米株式インデックス・ファンド（楽天・バンガード・ファンド（全米株式））	1万8453円	0.162%
2	たわらノーロード先進国株式	2万60円	0.10989%
3	楽天・全世界株式インデックス・ファンド（楽天・バンガード・ファンド（全世界株式））	1万5656円	0.212%
4	たわらノーロード日経２２５	1万6232円	0.187%
5	三井住友・ＤＣつみたてＮＩＳＡ・日本株インデックスファンド	3万2508円	0.176%
6	たわらノーロード先進国債券	1万907円	0.187%
7	楽天・インデックス・バランス（DC年金）	1万1601円	0.163%
8	たわらノーロード国内債券	1万427円	0.154%
9	三井住友・ＤＣ外国リートインデックスファンド	1万4936円	0.297%
10	セゾン・バンガード・グローバルバランスファンド	1万8862円	0.59%

つみたてNISA

順位	投資信託名	基準価額	運用管理費用
1	eMAXIS Slim 米国株式（S&P500）	1万7319円	0.0968%
2	楽天・全米株式インデックス・ファンド（楽天・バンガード・ファンド（全米株式））	1万8453円	0.162%
3	eMAXIS Slim 全世界株式（オール・カントリー）	1万5949円	0.1144%
4	eMAXIS Slim 先進国株式インデックス	1万8598円	0.1023%
5	楽天・全世界株式インデックス・ファンド（楽天・バンガード・ファンド（全世界株式））	1万5656円	0.212%
6	eMAXIS Slim 新興国株式インデックス	1万3111円	0.187%
7	eMAXIS Slim バランス（8資産均等型）	1万3509円	0.154%
8	ひふみプラス	5万3025円	1.078%
9	〈購入・換金手数料なし〉ニッセイ 外国株式インデックスファンド	2万4603円	0.1023%
10	eMAXIS Slim 全世界株式（除く日本）	1万6028円	0.1144%

※2021年1～6月の期間に、楽天証券「iDeCo」「つみたてNISA」各口座で積み立て購入された投資信託（人数ベース）

3ステップで考える、さぶ流ポートフォリオ

私の確定拠出年金は、かなり積極型のポートフォリオ（組み合わせ）にしています。

・海外株式型　80％（DIAM外国株式インデックスファンド）
・海外債券型　20％（三菱UFJ DC海外債券インデックスファンド）

だからこそ、運用利回り12％超えというリターンを得ています。

理由は、私の年齢です。30代なので、老後資金として使うまでにはあと30年以上あります。その間にたとえ価値が下がっても、また上がるのを待つだけの時間があります。つまり、**それだけリスク許容度が高い、と言えるので積極型のポートフォリオにできる**んです。

このように、どんなタイプの投資信託にいくら投資するのかを考えていくことを**「分散投資」**と言います。どのように分散するのが最適かはケースバイケースで、ひとことで「これがベスト」と言いきれないのが実際です。**年齢もそうですが、特にリスク許容度で変わるから**です。

でも、私がどのように考えてこの2本を選んだかはお伝えできます。ぜひ、同じ順番で考えて最適なポートフォリオを見つけてください。私は料理が好きなので、ケーキ作りに喩えてみます。

●ステップ1　ケーキの型を決める（金額を考える）
決めるのはケーキ型の大きさです。一般に手取り収入の2割を貯蓄や投資に回すとよい、と書きましたが、子育てにお金がかかる世代で、ゼエゼエ言いながら貯蓄や投資にお金を回すのも大変ですよね。
短期のお金、中期のお金として使わなくてすみそうな余剰資金がどれだけあるか、考えてみましょう。わからなければ、確定拠出年金やつみたてNISAの最低金額から始めてみるのもいいと思います。我が家は昨年から保育園のお金がかからなくなったので、そのぶん、つみたてNISAができるようになりました。こんなふうに状況が変わったら投資額を増やせばいいので、無理は禁物です。

●ステップ2　ケーキの割合を決める（投資信託のタイプと分散投資の割合を考える）
何種類もの生地が一緒に焼ける魔法の型を想像してください。ショートケーキとチーズケーキを半分ずつでも、私のように80％と20％ずつでもいい。まずは好きなケーキだけ100％でも構いません。**リスク許容度に合わせて、どのタイプの投資信託を何割ずつにするか**決めていきます。

●ステップ3　レシピを決める（銘柄を選ぶ）
同じショートケーキでも簡単なものからプロ級のものまでレシピはいろいろですよね。人気レシピを検索するように、**投資信託もそれぞれのタイプの人気ランキングを見てみる**と参考になります。そして個々の「運用報告書（85ページ）」を見て、自分に合うかどうかを判断します。

One Point Advice

若い間は基本、リスクを取って攻めていけます。受け取りの出口が近くなってきたら安定運用に変えていきます

自分ならではのポートフォリオの作り方

金融商品の組み合わせ方はじつにさまざま。ポイントを解説します。

＼＼ ポートフォリオの鉄則！ ／／

複数の商品を組み合わせた積み立て投資で、リスクを分散させる

ポートフォリオとは保有する金融商品の組み合わせのことです

投資の格言 卵はひとつのかごに盛るな

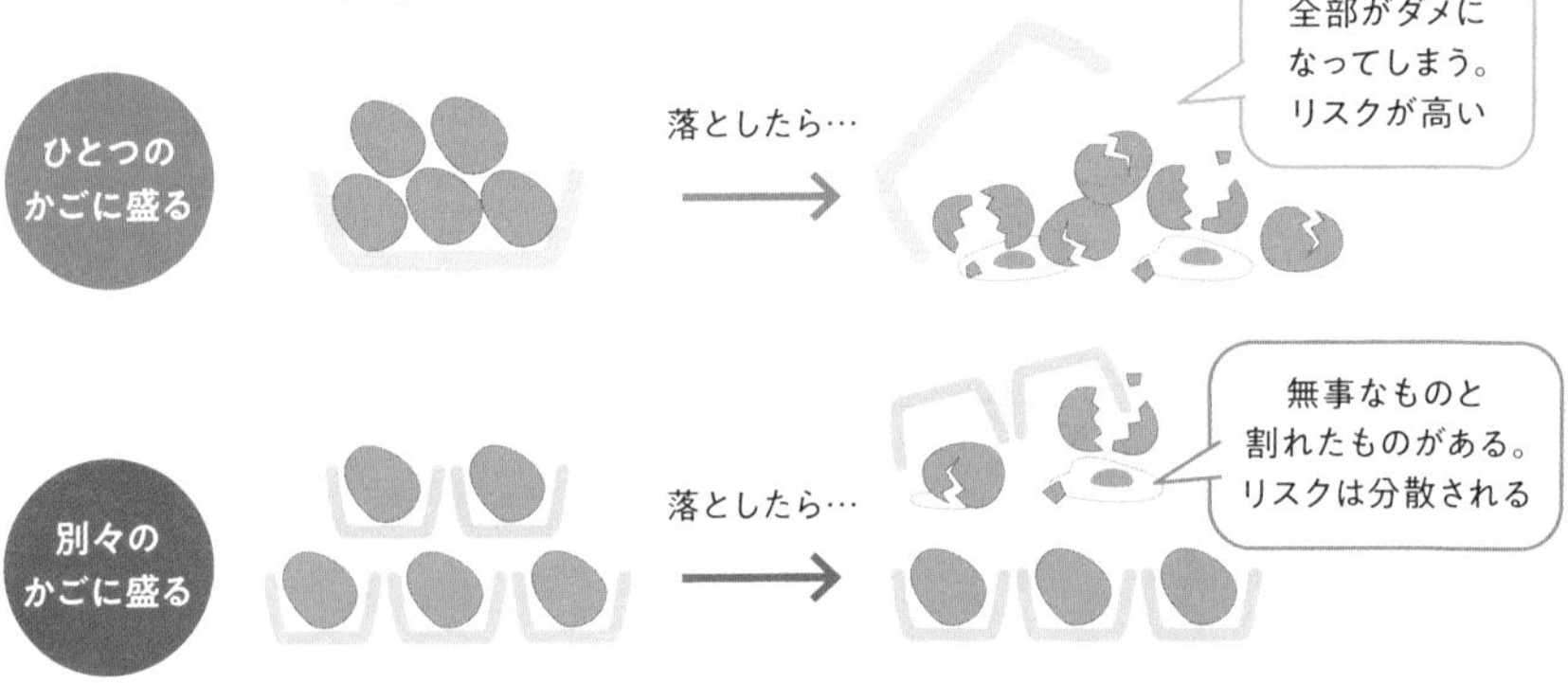

ひとつのかごに盛る
落としたら…
全部がダメになってしまう。リスクが高い
別々のかごに盛る
落としたら…
無事なものと割れたものがある。リスクは分散される

これを、投資のシーンで考えてみると

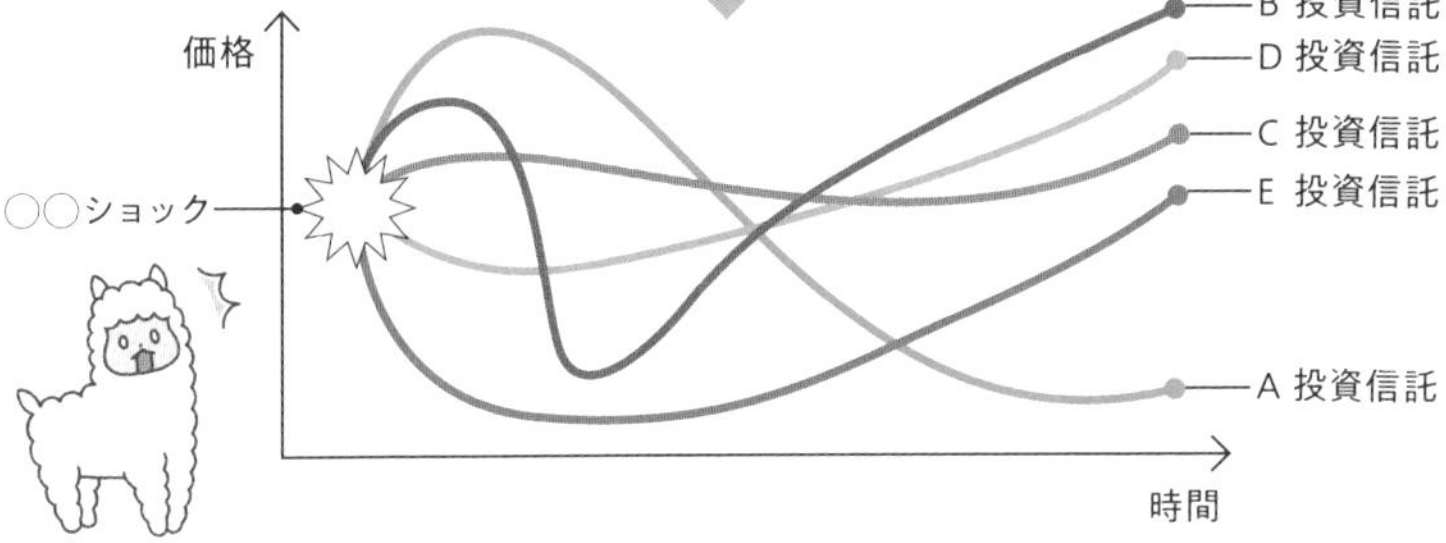

価格
○○ショック
B 投資信託
D 投資信託
C 投資信託
E 投資信託
A 投資信託
時間

相場の急変はいきなり起きます。プロでも手が打てないことも…。
商品を分散しておけば、多少ダメージを受けても
回復が早い商品があったりするので、被害（損失）を少なくしてくれます

いろいろ買って、組み合わせておくことが大事なんだね

▶分散投資のチェック表

自分のリスク許容度と相談して、それぞれの銘柄を、全体の投資の何%にするかを考えましょう。

国や地域の分散 国内、先進国、新興国。安定を取るか、高いリターンを狙うか、まず検討を。

国内（日本）　先進国　新興国　全世界

商品タイプの分散 株式ばかりだとリスクが高いので、債券を入れるなど、組み合わせて。

株式　債券　REIT（不動産）

時間の分散 複利の力で、時間をかけることで資産を増やしていきます。⇒26ページ

金額の分散 ドル・コスト平均法の強みで、資産を増やすチャンスを拡大。⇒30ページ

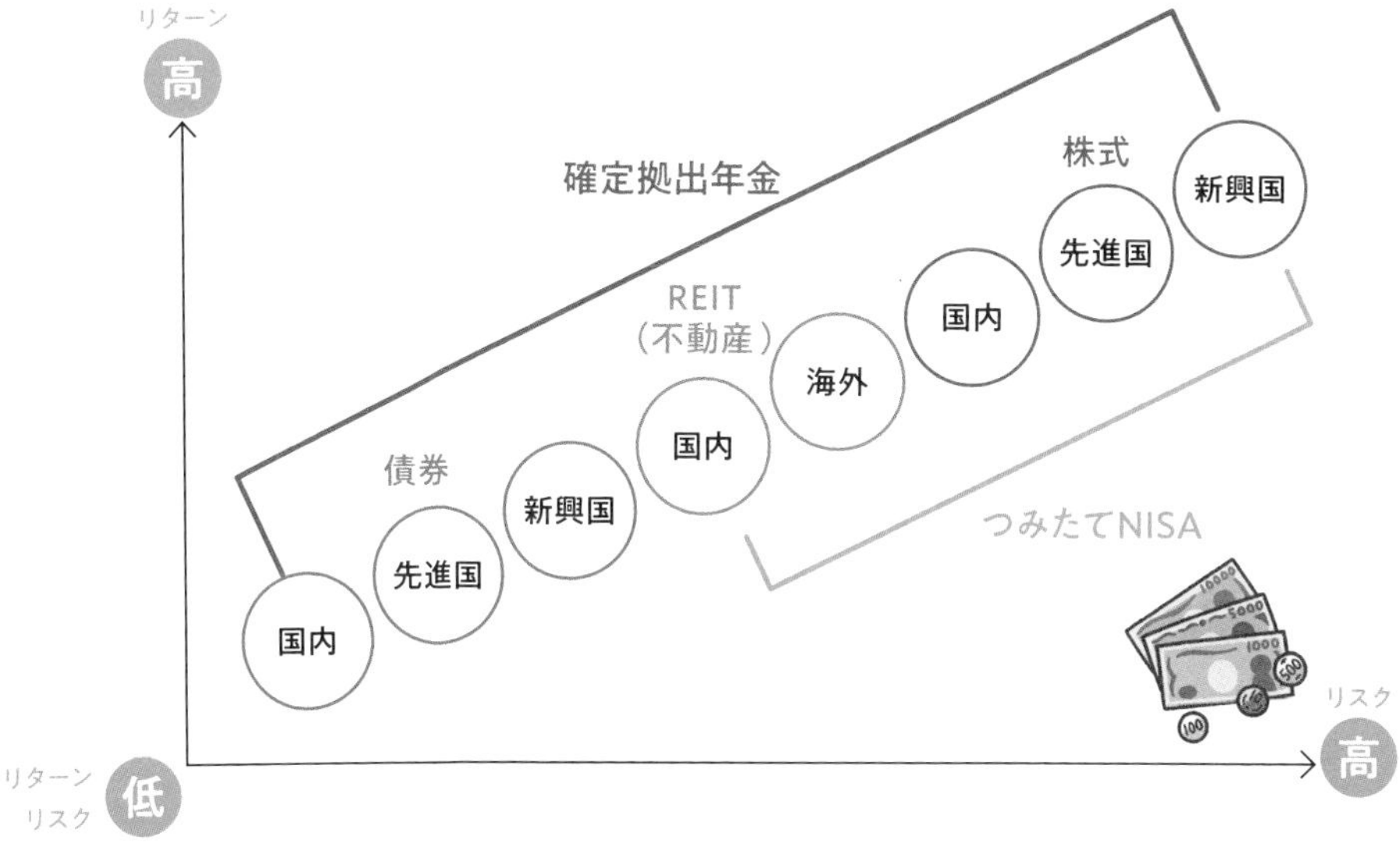

リスク許容度別、おすすめポートフォリオ

リスクに対する考え方で異なる、さぶ的おすすめを紹介します。

バランス派

リスクを分散しながら、今ある
お金を少しでも増やしたい。

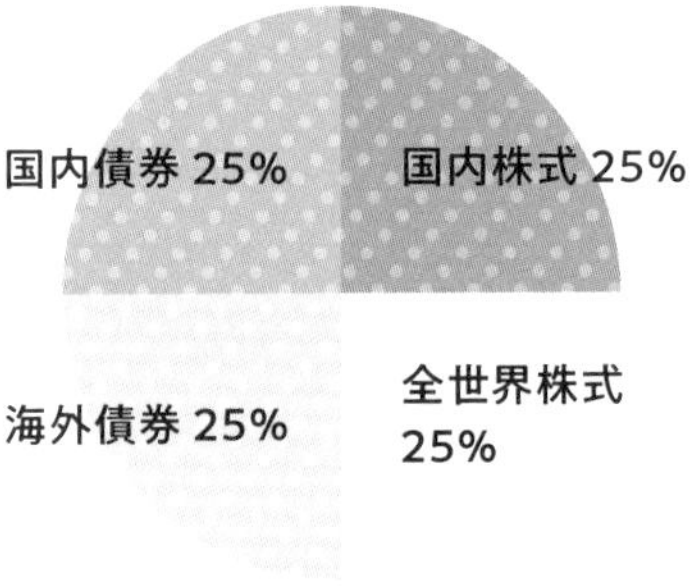

超慎重派

資産運用をまず始めてみる。
元本は減らしたくない。

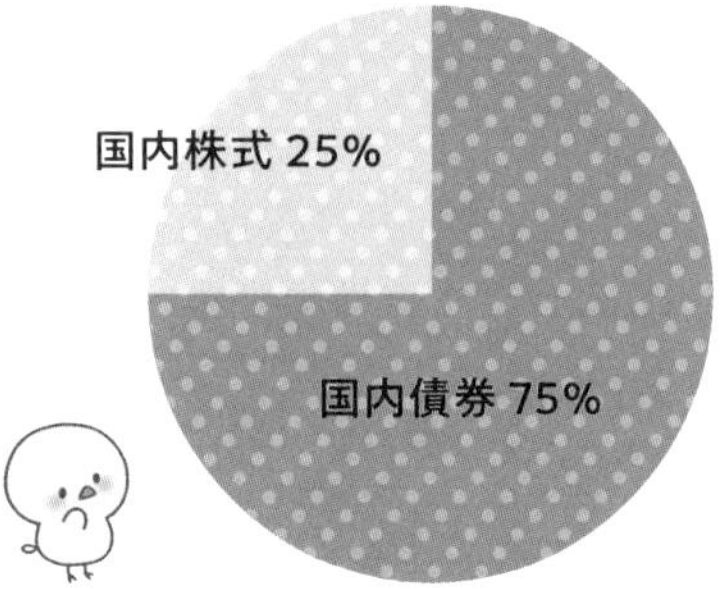

積極派

リターンを狙いたい。リスクは
時間（長期間の運用）で分散。

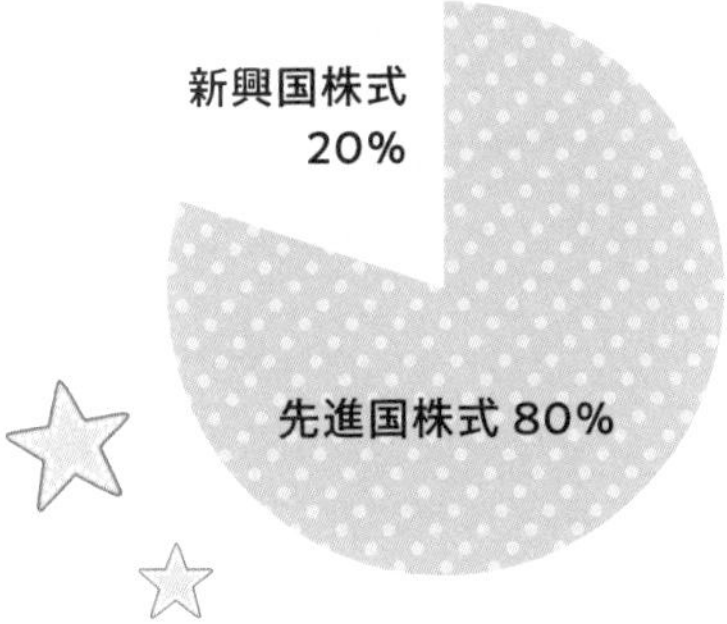

慎重派

リスクを低めにして、着実に
資産を増やしていきたい。

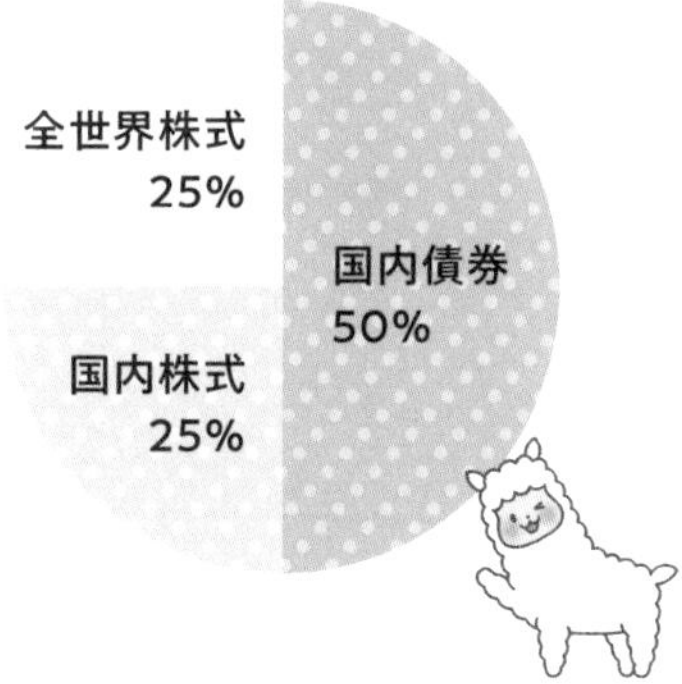

Check!

ゆる投資派には「全世界株式」がおすすめ

全世界株式の内訳は、アメリカ企業(米国株)が50%以上を占めています。そのほか、日本はもちろん、先進国、新興国も含まれていて、まさに全世界の総和。株式市場の動きや成長に合わせて、「全世界株式」の中の銘柄が変わっていくので、長期での投資を考えているビギナーさんにはおすすめです！

商品の購入時は、運用報告書をチェックして

投資信託を購入する時には、確定拠出年金でも、つみたてNISAでも、それ以外でも、必ず「目論見書」に目を通す必要があります。ただ、これが難しい！　一字一句しっかり読まなければと思うあまり、そこで挫折して投資できない人もいて、もったいないなと感じます。

目論見書は、家電の分厚い取り扱い説明書のようなものです。家電にも「スタートガイド」のような最低限必要な情報がついてくるように、投資信託にもわかりやすい**「運用報告書」というまとめ**があります。

そこに、運用の方針と、主に**どの地域の、どんな金融商品が、どの通貨で、どんな割合で入っているか**が端的に書かれています。アメリカの株式なら「マイクロソフト5％」とか多い順に表示されていたり、中国なら「アリババ20％」とか「中国の投資銀行など金融系が多い投資信託です」というような説明が書かれています。いくつかの会社の名前にピンときて、説明に納得できれば、その投資信託は自分にとっての最有力候補となります。

私は、**基準価額の推移と純資産総額の両方が右肩上がり**かどうかも併せてチェックしています。もちろん、運用管理費用の％と、信託財産留保額がかかるかどうかも必ず見ておきます。

すべてに納得できたら、いよいよ購入です。購入方法は、確定拠出年金、つみたてNISA、それ以外の証券口座で、ほぼ同じです。

One Point Advice

投資信託を購入する時は運用報告書をチェック。運用方針と過去の値動きがわかりやすく書かれています

Let's Try

つみたてNISAで購入する

※例：楽天証券

1 証券会社のホームページにログイン。メニューをタップ

2 メニューから「NISA・つみたてNISA」を選択する

3 投資信託を購入する時は、「積立設定」をタップ

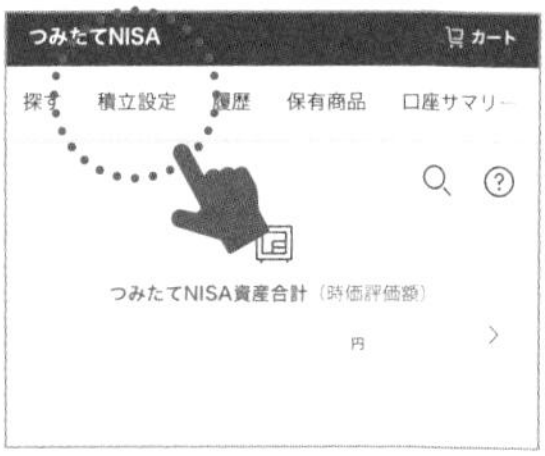

4 「新しく積立するファンドを探す」をタップ

5 「自分で一から選ぶ」をタップし、自分へのおすすめを探す

6 スーパーサーチの画面で、「積立が多い順」をチェック

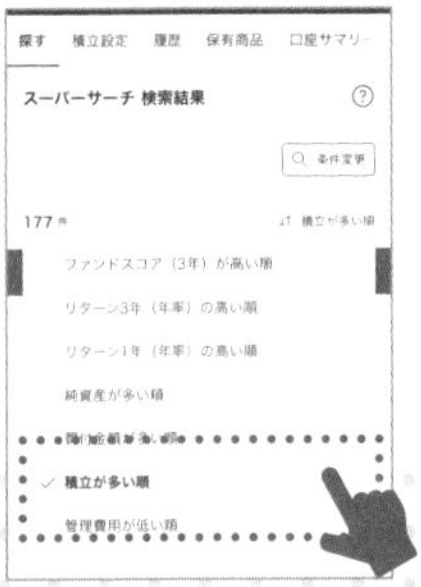

7 購入したいファンドを選択。ここでは「eMAXIS Slim 米国株式（S&P500）」

8 購入時の商品代金の支払い方法を選ぶ。クレジットカード払いだと、カードのポイントも貯まる

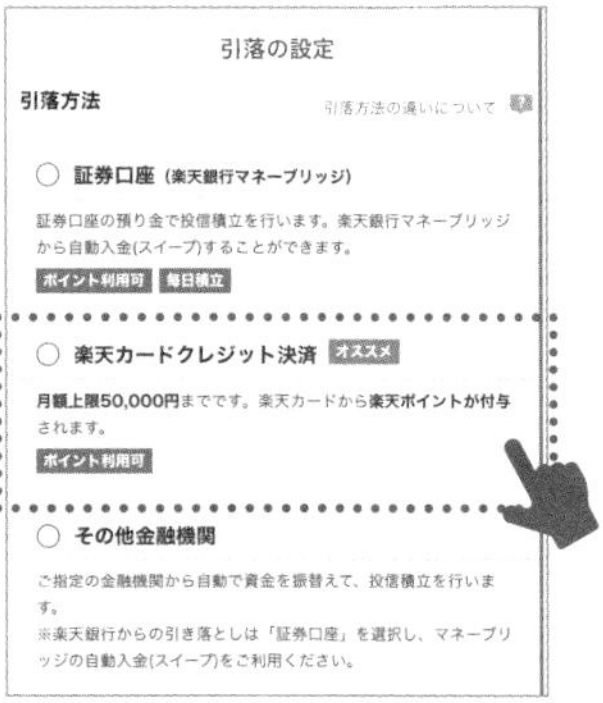

9 月々の積み立て金額を設定し、分配金は「再投資」一択

10 目論見書などの書類に、ざっと目を通しておく

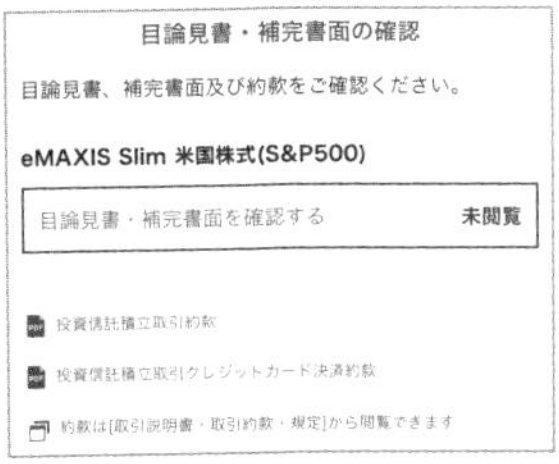

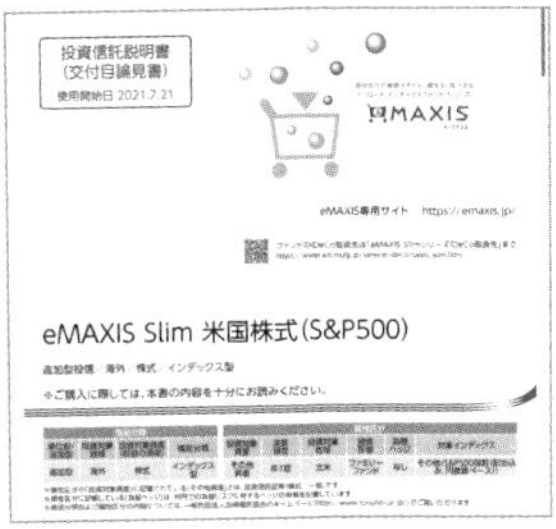

11 初回買付日を設定する。クレジットカード決済の場合は買付日は指定

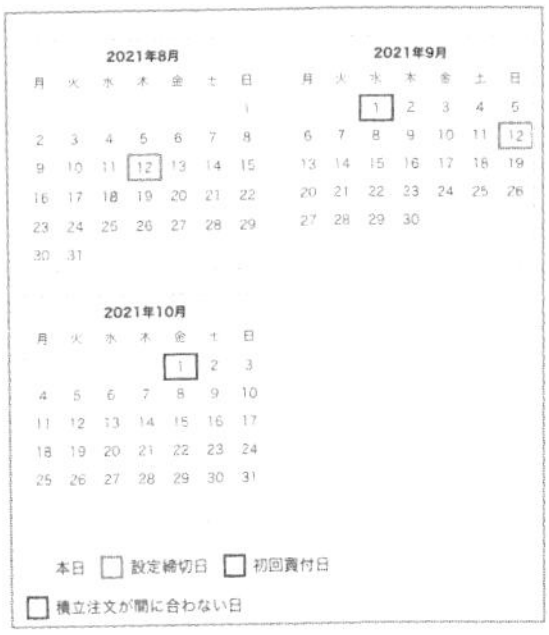

12 購入完了

※ファンドの探し方、購入の仕方はさまざまな方法があります。ここでは、著者が実際に行っている手順を紹介。

運用報告書を見ると、投資が楽しくなる

運用報告書で、投資信託の中身を知ることができます。

投資信託を買おうとしたら、目論見書という書類が…。

目論見書ではなく、
運用報告書を見るのがおすすめです

目論見書　金融商品の、いわば取り扱い説明書。投資家が、商品購入の際に参考にするもので、商品の構成、発行総額、発行価格、手数料などの情報を明記しています。

運用報告書　企業の決算報告書的なもの。実際にどのくらい実現できているかといった運用成績や資産状況などのレポートです。今後の運用方針も記載しています。

運用経過

第4期：2020年4月28日～2021年4月26日

当期中の基準価額等の推移について

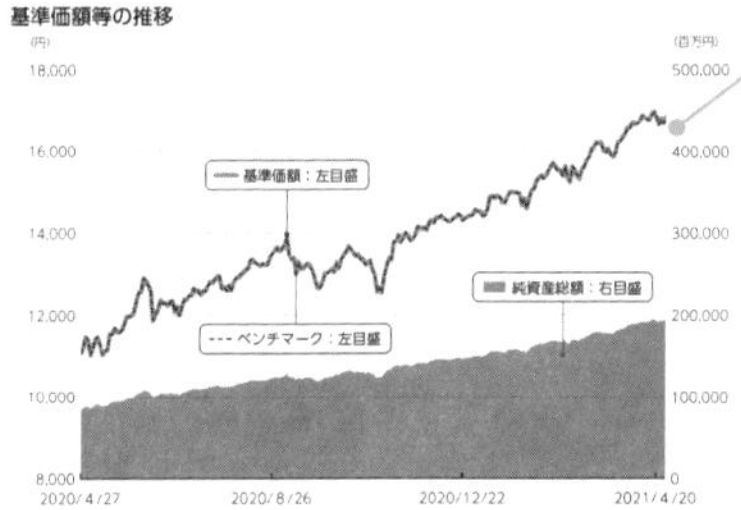

第4期首	11,075円
第4期末	16,856円
既払分配金	0円
騰落率	52.2%

※分配金再投資基準価額は、分配金が支払われた場合、収益分配金（税込み）を分配時に再投資したものとみなして計算したもので、ファンドの運用の実質的なパフォーマンスを示すものです。
※実際のファンドにおいては、分配金を再投資するかどうかについては、受益者のみなさまがご利用のコースにより異なります。また、ファンドの購入価額により課税条件も異なります。従って、各個人の受益者のみなさまの損益の状況を示すものではない点にご留意ください。

右肩上がりであることを確認

国や種類から、リスクがわかります

種別構成等

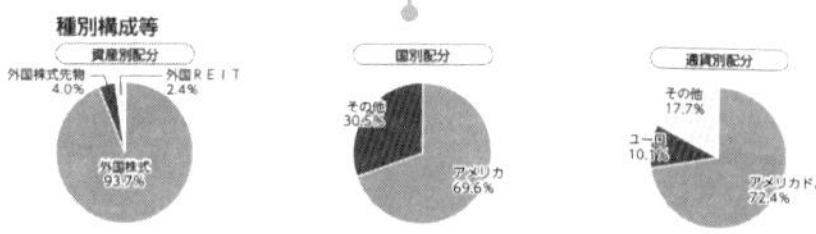

※比率はマザーファンドの純資産総額に対する割合です。構成比率が５％未満の項目は「その他」に分類しています。
※国別配分の「その他」には、コール・ローン等のように、複数の金融機関等（国内外）を相手先とし他のファンドの余裕資金等と合せて運用しているものを含みます。

アップルや
アマゾンなど
超有名企業が
並んでいます

組入上位10銘柄

（組入銘柄数：1,319銘柄）

	銘柄	種類	国	業種／種別	比率(%)
1	APPLE INC	株式	アメリカ	テクノロジー・ハードウェアおよび機器	3.8
2	MICROSOFT CORP	株式	アメリカ	ソフトウェア・サービス	3.6
3	AMAZON.COM INC	株式	アメリカ	小売	2.7
4	ALPHABET INC-CL A	株式	アメリカ	メディア・娯楽	1.6
5	FACEBOOK INC-CLASS A	株式	アメリカ	メディア・娯楽	1.4
6	JOHNSON & JOHNSON	株式	アメリカ	医薬品・バイオテクノロジー・ライフサイエンス	1.1
7	NESTLE SA-REG	株式	スイス	食品・飲料・タバコ	0.9
8	VISA INC-CLASS A SHARES	株式	アメリカ	ソフトウェア・サービス	0.8
9	PROCTER & GAMBLE CO/THE	株式	アメリカ	家庭用品・パーソナル用品	0.8
10	JPMORGAN CHASE & CO	株式	アメリカ	銀行	0.8

※比率はマザーファンドの純資産総額に対する割合です。
※ＲＥＩＴを含めて表示しています。
※なお、全銘柄に関する詳細な情報等については、運用報告書（全体版）でご覧いただけます。

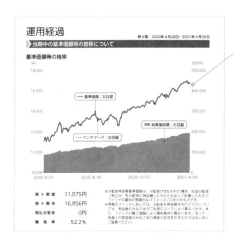

運用はほったらかしで、見直しは年に数回

私はつみたてNISAで、市場が開いている限り毎日の時間分散投資をしています。ですから毎日「買いました」とお知らせは来ますが、いちいちチェックはしていません。

確定拠出年金は、私の会社では年に二度レポートを届けてくれるので、その時だけ専用のサイトにログインしています。

投資信託の運用成績は常に見張らなくていいし、普段はほったらかしです。むしろ、頻繁に上がり下がりを見たりすると、売ったり買ったりしたくなって逆効果になることが多いんです。

レポートが届くタイミングや、ボーナス時期、年末年始など、**年に1～2回、定期的にチェックするくらいがちょうどいい**と思います。結婚している方は、その時にお互いの投資結果を見せ合って、夫婦でマネー会議をするのもよいのではないでしょうか。

年に数回のチェックでは、基本的に**「うまくいっているな」と理解する程度で大丈夫**です。ちょっと下がっていても、目くじらを立てずにほったらかしておくほうが、時間が有利に働いて結果的に勝てたりします。

そして、30代から40代になる時など、年齢の節目などにポートフォリオを見直していきます。

だんだん投資に慣れてきたら、投資環境の変化も検討材料にするとなおよいです。見直すタイミングあたりで「円高・円安」「株高・株安」の言葉をニュースなどで大々的に見聞きするようなら、「このタイミングで投資するには？」「利益を出すためには？」と考えてみてください。

または、「米国株が好調です」というように「好調」という言葉が、私たち一般人が見るテレビのワイドショーなどでも飛び交う時には、いったん手持ちの投資信託の一部を売って利益を確定しておくとよいことが多いです。

なぜなら、**世間が「好調だ」と騒いでいる時にはもう天井で、そこから下がっていく可能性が高い**からです。

逆に、「危ない」と言われた時には、チャンスだと考えて「何か買えないかな？」と投資用の画面を見て、注文を入れたりします。もし、自分の持っている株式が下がっていてもそんな時は慌てず、何も考えないようにして持ち続けるほうがよかったりします。「下がった。嫌だ」と思うのは私も同じですが、そこで売ってしまったら損が確定してしまうのです。

本書に書いた方法で一歩一歩考えて選んだものは、シンプルで、時間が味方になって、いつか元に戻る可能性が高い投資信託です。人間は感情をコントロールできず、感情によって思考が回らなくなって、間違った判断をしてしまいがちです。だからこそ仕組み化でほったらかす。常に一歩引いていったん信じた自分の選択を継続できるところが仕組み化の価値だと思っています。

One Point Advice

運用成績はレポートが届くタイミングなどに確認するくらいが◎。むやみに触らない。ゆるくいきましょう

Part 4

いま注目度が高まる株式投資が知りたい

ネット証券のおかげで、株式の購入が身近になりました。
ここでは、ゆる投資派のために、さぶ流の株式投資を
解説します。始めてみたら、意外と楽しい。

Keyword

「株式投資」を知るキーワード

株式《かぶしき》

企業が資金調達のために発行するもの。証券取引所に上場している企業の株式に投資して配当金、値上がり益、株主優待で利益を得るのが株式投資。日本企業は日本株、アメリカ企業なら米国株と言います。

株主優待《かぶぬしゆうたい》

企業が株主に優待券や自社製品などをプレゼントする制度。日本の贈答文化が起源となり、日本株独自の制度です。内容や、いつ頃もらえる権利が発生するのかは、企業ごとに異なります。

株価《かぶか》チャート

1日、1週間、1か月などの株価の動きをグラフで表したもの。これを分析して投資する人もいますが、読むのも当てるのも難しい。ゆる投資派は、全体的になだらかな右肩上がりかをチェックすればOK。

時《じ》価《か》総《そう》額《がく》

各企業のその日の株価×発行株式数で算出されます。企業の規模や価値を評価する時の大切な指標です。A社とB社の株価だけを比較しても正しく会社の規模を捉えられないので、時価総額を参考にします。

指値《さしね》 成行《なりゆき》

株式の売買で、その時の株価で取引するのが「成行」。あらかじめ金額を指定しておき、その値段になったら売ったり買ったりできるのが「指値」。ゆる投資派は、基本的には指値での売買が楽です。

狼《ろう》狽《ばい》売《う》り

株価が下がって「嫌だ」「怖い」という一時の感情で売ってしまうこと。株価の動きは必ずあります。一喜一憂せず、たとえ下がっても「大丈夫だ」と信じて持ち続けられる株式を選んでいきましょう。

配当金と株主優待が嬉しい「株式投資」

株式とは企業が資金調達のためにオーナーの権利を発行するもので、上場している企業の株式なら誰でも自由に買うことができます。しかも、スマートフォンでピッと買えて簡単です。**日本株（日本企業の株式）はもちろん、最近は米国株（アメリカ企業の株式）も買いやすくなりました。**

株式投資と聞くとかなりハードルが高く思えるかもしれませんが、そんなことはありません。たとえば、三菱ＵＦＪ銀行にお金を預けているとします。それは「三菱ＵＦＪ銀行がつぶれない。自分のお金が安全に守られる」という信頼があるからです。

そのお金のうち、具体的に使う予定のない金額で、三菱ＵＦＪフィナンシャル・グループの株式を買ってみるのはどうでしょう。

株式投資の根本は、**その企業を信頼できる、好きだ、応援したい**、という気持ちです。信頼してお金を預けるのと、信頼してその銀行の株式を買うのと、動機は同じでいいんです。

しかも、銀行の預金では年０・００１％しか増えませんが、この三菱ＵＦＪフィナンシャル・グループの株式に投資すれば４％くらい利益（配当金）を得られます。この差は大きい！

ここで、株式投資で得られる利益についてまとめます。

・配当金（業績によって定期的にお金を払ってくれる企業が多い）
・値上がり益（株価が安い時に買って、高い時に売れば、その差が利益になる）
・株主優待（日本株のみ。定期的に優待券等が届く）

私の場合は、基本ほったらかしにしたいので、配当金と株主優待を目的にしています。投資額は微々たるものですが、それでも毎年4万円くらい配当金をもらっています。それを証券会社の口座に貯めて、次の投資の軍資金にしながら、資産を徐々に増やしてきました。株主優待では、割引券や飲食店なら食事券などがもらえます。これ、かなり嬉しいですよ。


株式投資について、ほかに知っておいてほしいことがふたつあります。

まず、**日本株は100株単位で買う**ルールになっていること。ですから、それなりにまとまったお金で投資することになります。

もうひとつは**次の3つのグループがあり、それぞれ投資スタンスが異なる**ことです。
・大型株……東証1部に上場している銘柄のうち上位100
・中型株……大型株についで、東証1部に上場している銘柄のうち上位400
・小型株……それ以外（東証2部上場、東証マザーズ、ジャスダックなどの銘柄）

東証1部、2部、マザーズ、ジャスダックというのは東京の株式市場で、サッカーのJリーグのようなものです。それぞれに厳しい審査があって、まずマザーズやジャスダックへの上場を目指し、次に2部、最後に1部を目指して上がっていく企業が一般的です。2022年4月からは新たな上場基準のもと、プライム、スタンダード、グロースと新しい区分へ移行されます。

私が証券ウーマン時代に出会った、**真のお金持ちや、機関投資家と呼ばれる法人の投資家、特に年金や保険、農林系の会社など公的な投資家が大型株を持っています**。このような投資家は意味もなく投げ売りすることはありません。また、大型株と呼ばれる大手企業は、そこから大きく業績が伸びることはないものの、ゆるやかな右肩上がりで堅調な推移が期待できます。まるでゆっくりと水が流れる大河を、投資家たちは大きな客船でのんびり旅するイメージです。

中小株は一攫千金を狙う人が投資したり、マネーゲームに使われたりすることがあります。ちょっとした要因でバーンと株価が跳ね上がることもある一方で、逆に値崩れが早いという怖さがあります。小さないかだで急流下りをするイメージでしょうか。雨が降れば急に水が増えるし、日照りが続けばすぐにカラカラに乾いてしまいます。

私は、ここで戦う技術も時間も精神力もないと自覚しているので手を出しません。**大型株か、日経平均株価に入っている225銘柄**から選んでいます。その225社こそ日本経済の精鋭部隊です。

株式もネット証券で買うのがおすすめです。店舗型証券とは手数料が雲泥の差ですから。

特にネット証券大手の楽天証券とSBI証券の手数料は、業界最安値クラスと言われています。

One Point Advice

株式もドキドキしないゆる投資で。ネット証券で「大型株」でスクリーニングをして、そのなかから選ぶといいです

株式投資は、企業に対する応援資金

企業が資金を集めることを目的とするのが、株式です。

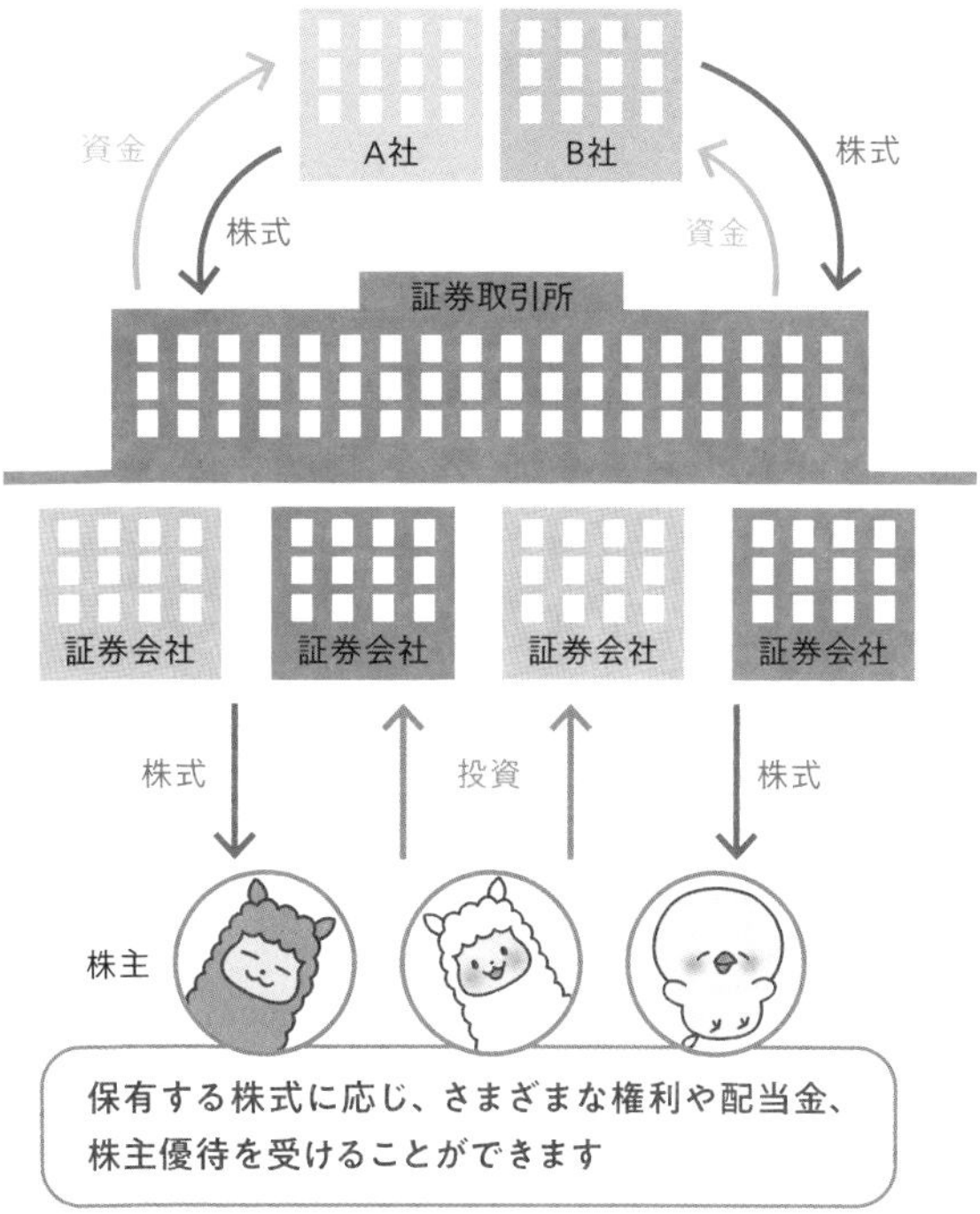

▶世界の主要な証券取引所

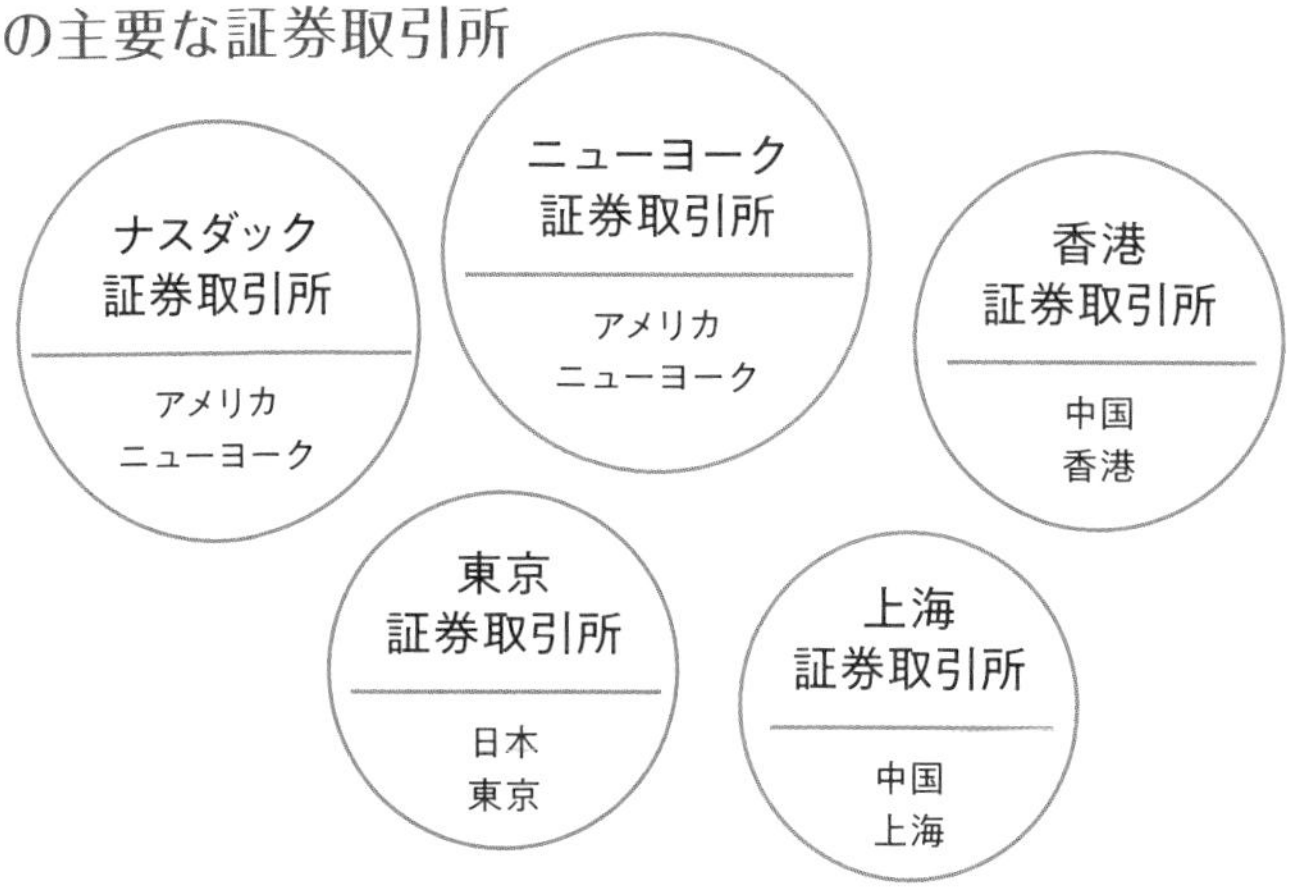

応援したい企業を見つけて、株式を購入する

株価は常に動いています。毎日上がったり下がったり動くものだとわかっていても、相場（値動き）を見るとドキドキして精神的に疲れてしまいます。特に下がっている時は…。だから、**ある程度ほったからしても大丈夫と信じられる銘柄**を選ぶことが大前提です。

では、どういう銘柄なら、そんな風に思えるのでしょうか？

自分の生活圏内に溶け込んでいて、好きだと思う企業、応援したい企業です。

「投資をすることで自分のお金が社会の役に立つ」これは美辞麗句ではありません。真の富裕層のみなさんは心底、そういう気持ちで投資されています。それは少額投資の私も同じです。

企業は私たちが投資したお金によって、業務を維持して、新しいことにチャレンジできます。私たちのお金は生かされているのです。

たとえば、近所のお店に「生活を便利にしてくれてありがとう」という気持ちで投資する。新型コロナウイルスのワクチンを提供する会社に「いち早く、よりよいワクチンを開発してもらいたい」という気持ちで投資する。こうしたスタンスなら、**たとえ株価が半値になっても「ここ踏ん張って、頑張って！」という気持ちになれる**ので投資する側のメンタルがもちこたえられます。

さらに、ディズニーランドが好きだからオリエンタルランドの株式を買う。旅行が好きだから

ANAホールディングスの株式を買う。毎日のように行くスーパーマーケットの株式を買う。そこに置かれている好きな商品のメーカーの株式を買う…。

そういう企業なら、**何をしていて、何で儲かっているか、自分の肌感覚でわかりますよね**。「この食品、最近よく置かれているな」「この日用品、最近売れているみたい」「輸入品より日本志向が高まっているのかも」「あれ？　好きだった商品が隅のほうに陳列されている。人気が落ちているのかな」と**動きも早くキャッチできます**。ニュースやテレビCMなどにも反応して、「新商品が出たんだ」「これ、流行りそう」「海外にも進出するのか」「ふーん、社長が交代するんだね」といった情報も、自分のアンテナにピンと引っかかります。

これが大事です。そういうことで業績が変わり、それによって株価は動いていきます。つまり、生活圏内の企業なら、**普通に暮らしながら自然にリサーチができる**んです。

株式は、いつかは売って現金化する時がきます。自分の暮らしに密接に関わる企業なら、手放すタイミングやペースも間違えにくくなるのです。

こうして投資に慣れてくると、自分の視野が広がっていきます。

たとえば、自分が所有している自動車メーカーの株式を買う。「その自動車の部品はどこが卸しているの？」「何の素材が使われているの？」「その製造ラインで使われている技術ってどこが開発しているんだろう」と、数珠つなぎで気になる企業が増えていきます。おかげで思わぬ優良企業の存在を知って、応援したくなる企業、買いたい株式の候補が増えるというわけです。

Let's Try

アプリで企業情報をチェック

※例：楽天証券

気になる企業を見つけたら、証券会社のホームページやアプリで情報をチェックします。

1

個別銘柄ページのサマリーでは、株価の動きがわかる

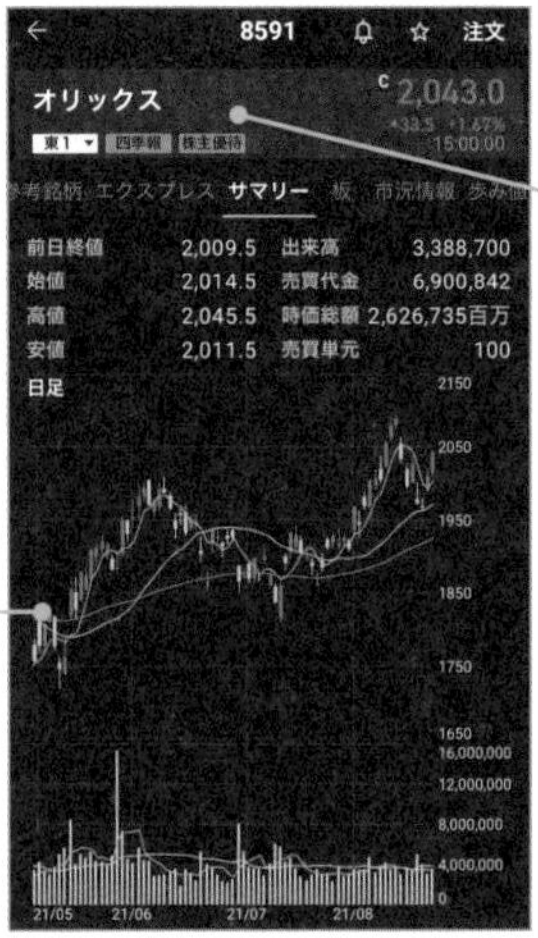

どの市場の銘柄か株主優待があるか

チャートが右肩上がりの上昇トレンドか

2 「四季報」のタブから、企業情報を見る

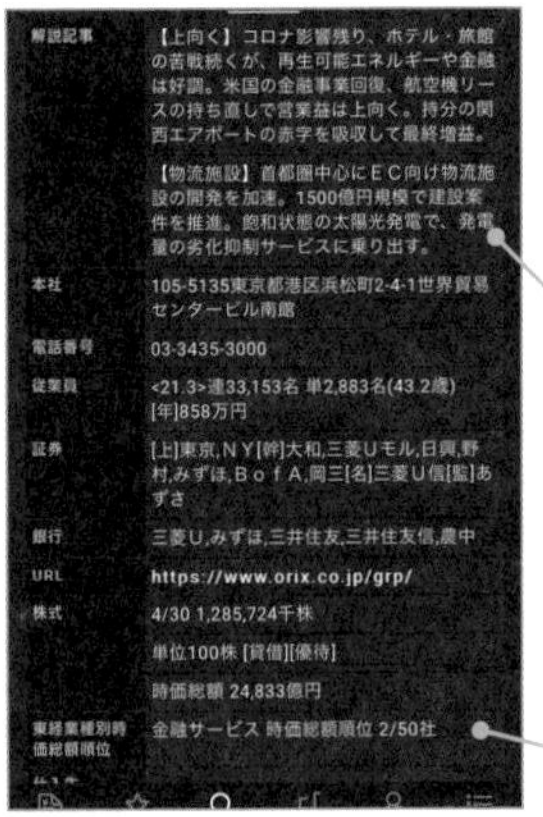

「特色」「連結事業」その企業の事業内容がわかる

「解説記事」わかりやすい分析が載っている

「東経業種別時価総額順位」業界のなかでのランク、評価がわかる

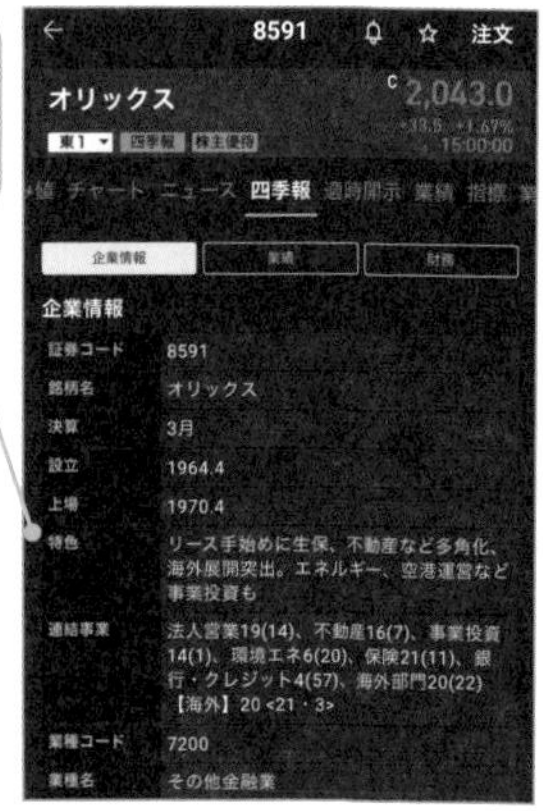

3 「四季報」のタブから、財務のページへ移動する

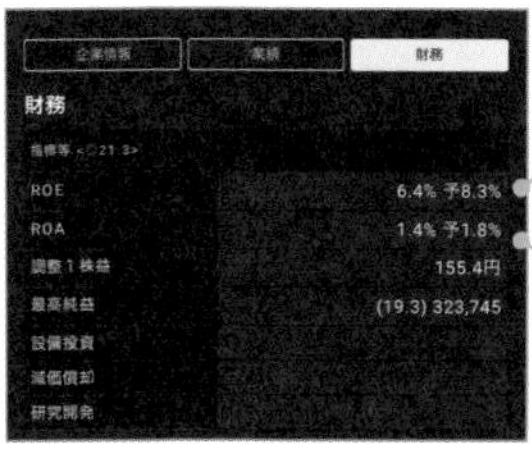

「ROE」
Return On Equity
投資に対する利益率。
高いほどよく、目安は10%以上

「ROA」
Return On Asset
会社の資産に対する利益率。
高いほどよく、目安は5%以上

4

日本株を購入する場合は、
株主優待のチェックを忘れずに！

権利確定日（この日までに株式を購入すれば、優待が受けられる）と、何がもらえるかを確認

5 最後に「業績予測」のタブからレーティングを見る

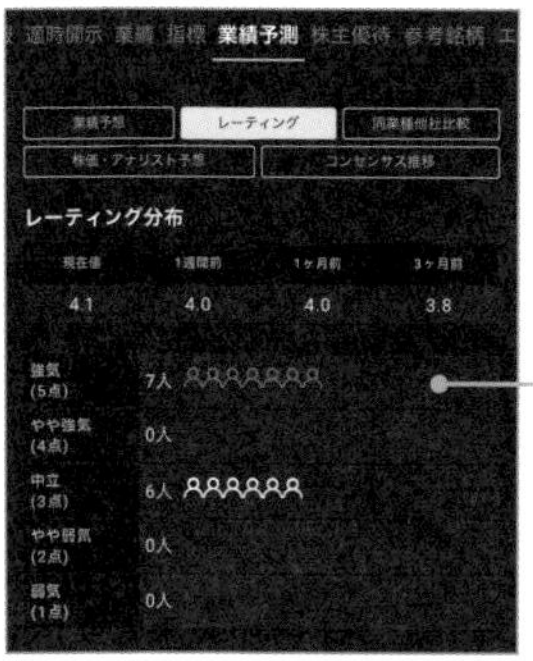

プロのアナリストの予想や投資判断がわかる。
レーティングが高いほど、
“買い”を推奨。

私は**年にいちど、「会社四季報プロ500」（東洋経済新報社）という投資の専門誌を買っています**。おすすめは年末に出る新春号です。

同社から出ている「会社四季報」という、各社の投資データが網羅された分厚い冊子があるのですが、「プロ500」は名前のとおり、プロが厳選した500銘柄だけが載っています。

しかも、「今年はテレワーク関連企業が伸びる」「5Gに注目」などと大きなトレンドも教えてくれます。私もテレワークをしているので、たとえ知らない企業でも「確かに伸びそうだ」「いや、その分野はさほど伸びないだろう」と自分で判断することができます。

自分が知っている企業だけだとどうしてもポートフォリオが偏ってしまいますが、こういう雑誌をパラパラめくっていると「よく知っている商品はじつはこの会社が作っていたんだ」、「よく利用するサービスの関連企業なのか」というような発見があって発想が広がっていきます。結果、かなり選択肢が増えてきます。

細かい文字の説明と、数字やチャート（118ページ）がぎっしり記載されていて、最初は見るのが大変だと感じるかもしれません。しかし、コツがわかればまったくそんなことはないので、アレルギー反応を起こさずに慣れていってくださいね。

証券会社のサイトにも同じような情報が載っているので、そちらでチェックするだけでもよいかと思います。

One Point Advice

自分の生活圏で応援したい企業を探す。そこから専門誌や情報サイトの分析を参考に、選択肢を広げていきます

日本株ならではの特典、株主優待を活用

こうやって株式に投資していくと、街でその企業の看板を見かけるだけでも楽しい気持ちになります。CMが流れたり、ニュースで取り上げられたりすると誇らしい気持ちになったりして、経済がどんどん身近に感じられてきます。

自分の生活に密着している企業であるほど、**株主優待をもらえるだけで生活が豊かになる**ので「応援していてよかった」と心底思えます。

株主優待は日本株のみで得られる、ありがたい特典です。次のページで紹介するのはほんの一例で、自分が通勤に使う鉄道会社の株主優待を目当てに株式を持っている、なんて人もいます。そんな株主優待を目当てに、株式を購入する人の気持ちを想像してみてください。

株主優待でお得に利用できる＝多少、株価が下がっても持つ価値が大きいと感じる＝株式をなかなか手放さない。つまり**株主優待が魅力の銘柄は値崩れしにくい**というメリットがあります。

株主優待を目当てに株式を購入する時は、**いつ株主優待がもらえるかチェックしておく**とベターです（権利確定日として書いてあります）。年1回しか確定しない会社の場合、タイミングによっては株主優待が届くのが1年後ということもあり得るので、気をつけてください。

One Point Advice

株主優待もネット証券でスクリーニングして選べます。
優待券は金券ショップなどで換金する方もいます

さぶセレクト

株主優待狙いなら おすすめはこれ！

オリックス

製品や設備を貸し出す、総合リース会社。売り上げ高は業界第1位を誇ります。生命保険や不動産など、多角化経営でリスク分散しています。

株価	2119.5円
最低購入価格	21万1950円
権利確定日	3月末
優待回数	年1回
長期保有優遇	あり（3年以上）

優待内容 100株以上で豪華なカタログのなかからギフトがもらえます。3年以上継続保有すると、カタログ内容がさらにグレードアップ。

トリドールホールディングス

セルフうどん店「丸亀製麺」を展開します。テイクアウト販売にも力を入れ、業績は好調。中国など海外へも積極的に展開しています。

株価	2400円
最低購入価格	24万円
権利確定日	3月末、9月末
優待回数	年2回
長期保有優遇	あり（200株以上1年）

優待内容 100株で優待券（100円）30枚が年2回もらえ、6000円分がお得に。200株以上だと優待券は40枚を年2回で、さらに1年以上継続保有で、30枚追加。

イオン

国内流通2強のひとつです。総合スーパーが中心。子会社にはドラッグストア、銀行なども。優待は、イオンを利用するほどお得度が上がります。

株価	2997円
最低購入価格	29万9700円
権利確定日	2月末、8月末
優待回数	年2回
長期保有優遇	あり（1000株以上3年）

優待内容 100株以上でオーナーズカードを発行。イオンでの買い物の際にカードを提出すると、キャッシュバックを受けられます（100株保有で3%分が返金されます）。

※2021年9月3日現在。優待情報は各社ホームページより

ホットランド

たこ焼きチェーン「築地銀だこ」が有名。ほかに、たい焼き店「銀のあん」、アイスクリーム店「コールド・ストーン・クリーマリー」などを運営します。

優待内容 半年ごとに、100株以上で1500円、500株以上で7500円、1000株以上で1万5000円相当の優待券がもらえます。

株価	1319円
最低購入価格	13万1900円
権利確定日	12月末、6月末
優待回数	年2回
長期保有優遇	なし

KDDI

auブランドの携帯事業を核にする総合通信事業者。物販、金融、エネルギーなど生活に密着した事業を展開する、ライフデザイン企業への変革を狙っています。

優待内容 auPAYマーケットの商品カタログギフトから選べます。100株以上で3000円相当、5年以上保有すると5000円相当の商品がもらえます。

株価	3540円
最低購入価格	35万4000円
権利確定日	3月末
優待回数	年1回
長期保有優遇	あり（5年以上）

ライオン

洗剤、石鹸などのトイレタリー用品を扱う生活用品メーカー。特に、歯ブラシの売り上げは国内首位を誇ります。解熱鎮痛薬など、薬品事業も手掛けています。

優待内容 100株以上で、新製品を中心とした詰め合わせが届きます。歯磨き、歯ブラシ、ボディーソープ、洗濯用洗剤など、生活必需品ばかりなのが嬉しい。

株価	1901円
最低購入価格	19万100円
権利確定日	12月末
優待回数	年1回
長期保有優遇	なし

保有していると定期的にもらえる配当金

株主優待がなくても配当が高ければ、その企業の株式を買うこともあります。

配当は、企業が毎年「1株あたり○円出す」「○%出す」とあらかじめ決めて公表しています。それをもとにネット証券で「配当利回りランキング」が出ています。トップのほうに自分が応援したい企業があればいいですし、なくても「平均配当利回り」をスクリーニングすることもできます。日本ではだいたい2%弱くらいが平均で、私は**平均より高ければよい**と思っています。

配当金を毎年上げる方針の企業や、「利益に対して配当を高く出します」と約束している企業があり、それらは**「高配当株」**と呼ばれています。

配当利回りが高くないから優良企業ではないかというと、そんなこともありません。すごく儲かっていても配当金を出さずに値上がり益で株主に還元する、という方針の会社もあります。IT系やベンチャー企業などは、あえてそうしていたりします。

ただ、鶏が先か卵が先かという感じですが、**「連続増配する」（昨年に続けて配当金を上げる）**と発表した会社は人気が高まって株価がグーンと上がったり、逆に「今年は配当金を10円下げます」と発表すると株価がガーンと下がったり、ということもあります。

ですから、応援したい企業が配当も高ければ、値上がり益も狙える可能性があります。

One Point Advice

株式も基本はほったらかし。特に日本株については中長期で保有して値上がり益より配当金を重視しています

高配当株を狙うのも、投資の勝ちパターン

株式投資で得られる利益のひとつ、配当金にも注目です。

「配当金」

企業の利益の一定割合を株主に分配することを「配当」、その金額を「配当金」といいます。

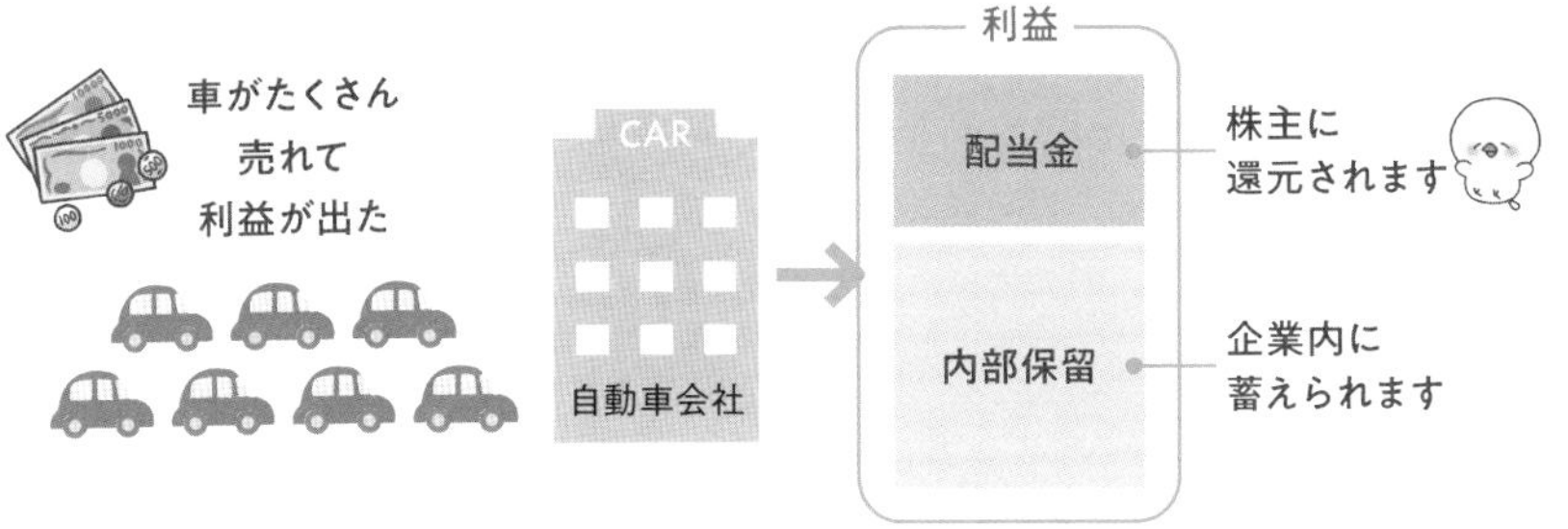

投資のメリットは株価が上がるだけでなく、毎年、株主優待や配当金がもらえること！　私は老後の豊かな生活のために、配当金も注目しています

▶チェックしたいのは「配当利回り」

配当利回り＝（1株当たりの年間配当金額÷株価）×100

購入時の株価に対して、1年間でいくらの配当が出るかを示す数値

日本の企業の場合

- ☑ 上場3700社のうち約3000社が配当金を出しています。
- ☑ 配当金は年に1回または2回、株主に分配されます。
- ☑ 日本株の場合、配当利回りの平均は2％弱。それ以上なら高配当株。

Check!

配当で利益を得ていくためには、「配当利回り」に注目します。配当利回りが高い「高配当株」は株価が下がりにくいので、ゆる投資派におすすめ。なかでも、配当を増やし続けている株（増配株）は優良株です

注目度上昇中！ １株から購入できる米国株

世界の時価総額ランキングでは**トップ10のほとんどがアメリカ企業**です。日本で圧倒的な時価総額１位を誇るトヨタは入っていません。アメリカ経済の強さを感じますね。

この勢いに私たちも便乗することができます。それが米国株です。その魅力は、

・世界最大手、超有名企業の株式を買える。株主のひとりになれる
・**１株から買える**ので最低購入金額が小さい。１万円以下で買える銘柄もある！
・ＮＩＳＡの非課税枠が使える
・米国株は高配当（平均２％強）。連続増配など株主還元重視で、しかも年４回配当がある

ただし、円からドルに替えて購入するため、為替リスクはあります。為替の動きは株価以上に予想が難しいと言われています。

しかし、ドルはなんといっても世界の基軸通貨です。私たちは日本に住んでいるので日本円がいちばん安全だと思っていますが、**ドルの流通量は日本円の流通量の約５倍**。河の流れの喩えでいうと、日本の５倍もゆったり流れる大河なので、それだけ安心して航海できるというわけです。

アメリカ経済は他国に比べて勢いよく伸び続けているだけでなく、同じように伸び率の高い新

世界規模で読み解く、アメリカの強さ

アメリカ経済の強さを、数字で追ってみましょう。

通貨の世界シェア

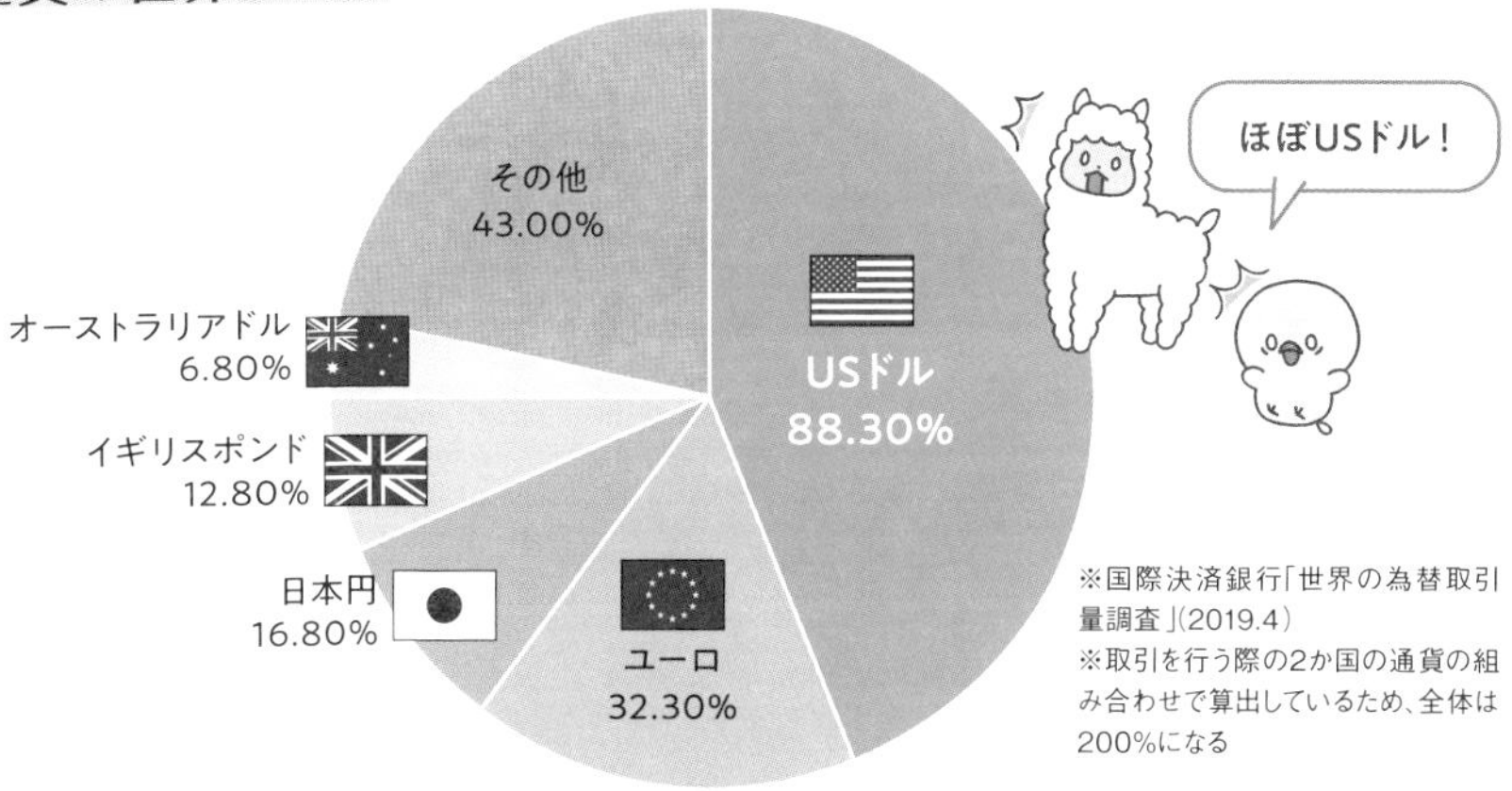

※国際決済銀行「世界の為替取引量調査」(2019.4)
※取引を行う際の2か国の通貨の組み合わせで算出しているため、全体は200%になる

▶連続増配のアメリカ企業

毎年、配当金が増加し続けている優良企業です。

企業名	連続増配（年）	配当利回り（%）	株価
プロクター・アンド・ギャンブル（P&G）	65	2.41	143.51ドル（1万5786円）
スリーエム	63	3.04	185.58ドル（2万414円）
コカ・コーラ	59	2.96	55.67ドル（6124円）
ペプシコ	49	2.73	154.53ドル（1万6998円）
マクドナルド	46	2.16	236.19ドル（2万5981円）
アフラック	39	2.36	55.25ドル（6078円）
エクソンモービル	38	6.34	54.55ドル（6001円）

※2021年9月7日現在。配当利回りは、1株あたり配当金額を前営業日終値（又は最終値）で割った値。日本円は、1ドル＝110円にて計算。

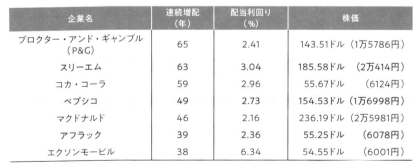

興国よりも圧倒的に安定的です。歴史を見るとわかりますが、**リーマンショックのようなことがあっても立ち直りが早い**のもアメリカ経済のすばらしい特徴です。

２０３０年、２０４０年、世界経済はどうなっているでしょうか？　日本が頑張っているかもしれませんし、他の国に抜かれているかもしれません。いずれにしても、私はこう思っています。「きっとアメリカは変わらず世界1位の経済大国なんだろうな」と。

このような理由から、私は日本円しか持っていないことのほうがリスクだと感じています。一部をドル資産にしておけば分散投資となり、日本経済が低迷したとしてもリスク回避できます。

米国株を選ぶ時も、基本姿勢は日本株と同じです。**自分がよく知っている企業で、ダウ平均やＳ＆Ｐ５００に採用されているような超大手で、長期保有して応援したいところ**です。「毎日利用している」「今後も伸びるだろう」そう思う企業があれば検討してはいかがでしょうか？

私はそんなスタンスでちょこちょこ米国株を選んで、今現在、20銘柄になりました。といっても、ほとんど1～10株程度です。コレクション感覚で楽しみながら投資の練習をしています。

私が証券ウーマンだったころは、米国株を購入する手数料が日本株の2～3倍も高かったので、お客さまに案内するのをためらうほどでした。しかし、**ここ３、４年で手数料が急に下がってだいぶ買いやすくなりました**。

そうはいっても多少なりとも手数料がかかるので、基本は売らず、じっと持っています。

One Point Advice

米国株は1株ずつ買えるのが最高！　スタバ、コストコ、ディズニー、アップル…数千円から株主になれます

米国株で受ける為替の影響も、時間が解決

米国株を買う時は、ドルで買うか、円で買うか、選べるようになっています。**円で買ったとしても実際の中身はドルで動いている**ので、同じように為替の影響はあります。

ちょっとややこしいのですが、イメージとしては

買う時：円でドルを買う（円高なら◎）→そのドルで米国株を買う（株安なら◎）
売る時：米国株を売ってドルにする（株高なら◎）→ドルを売って円にする（円安なら◎）

これを、買う時と売る時に、それぞれ同時にやっています。

つまり、日本株は株価だけが動きますが、米国株は為替も別の動きをしているので、「今が買い時」と見極めるのが日本株以上に難しいことになります。

だからもう、**「欲しい時が買い時」**と開き直るのが正解です！

1ドル＝120円台くらいの円安の時期なら、さすがに円からドルにするのは待ったほうがよいですが、それ以外なら私は買います。為替のタイミングを見ているうちに、株価がするすると上がってしまうことがありますし、株価を見ているうちにも為替は刻々と変化します。

ゆる投資は長期保有が前提です。**保有している間に為替の影響はリカバーできます**。米国株でも時間が味方になってくれるので、あまり深く悩まずに買っていいと思っています。

購入後は、やはりほったらかしです。年4回、配当金をもらう時に思い出すくらいです。その配当金はドルで受け取ることになります。それが少しずつ口座に貯まって一定額になれば

配当金のドル→米国株を買う

と、ドルのままで運用できます。この場合は、円高も円安も関係ありません。

最終的にドルを売って円にする時だけ、なるべく円安のタイミングにできれば大丈夫なんです。

それ以外の売り方、買い方は日本株と同じです。厳密に言うと、米国株の市場があるニューヨークと日本では時差があるので、市場が開いている時間帯が異なります。しかも、アメリカにはサマータイムがあるので、ちょっとわかりづらかった…。

でも、最近は指値（120ページ）で購入できるため、これも気にしなくて大丈夫になりました。

One Point Advice

ドル表示は感覚がわかりにくい。私はいつも1ドル＝100円、つまり「×100」でゼロをふたつつけて換算します

Let's Try 米国株を購入する

※例：楽天証券

1 証券会社のホームページやアプリにログイン

2 検索をタップ。購入したい企業名、またはティッカーを入力

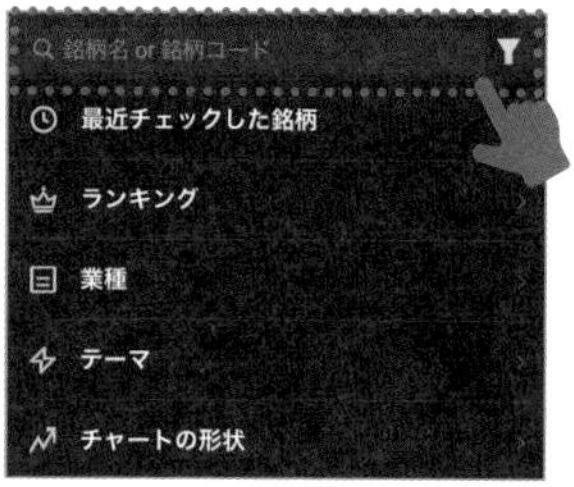

3 購入したい企業のページを開く。右上の「注文」をタップ

4 「買い注文」をタップし、購入画面へ

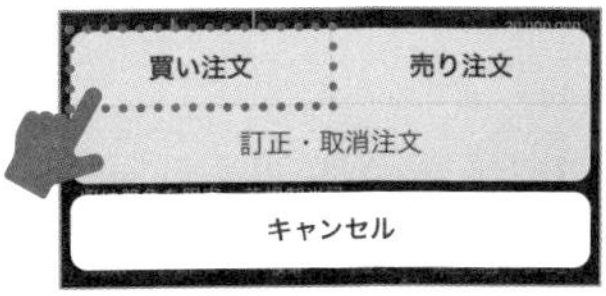

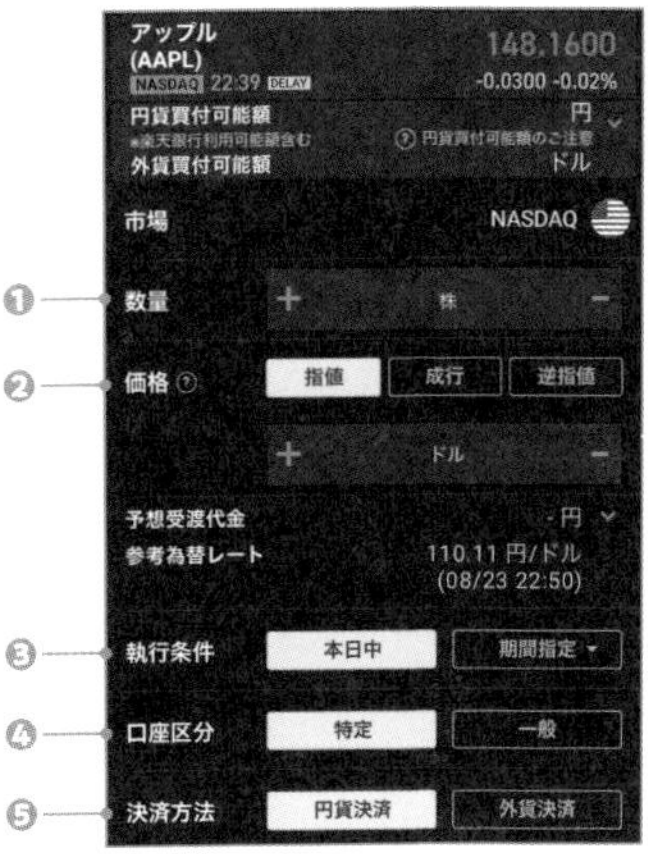

❶【数量】1株単位で購入OK

❷【価格】「指値」を選び、前日の終値を入力するのがベター　※外貨がなくても、日本円に換算して決済が可能です

❸【執行条件】指値の値段になった時に買いたいので、期間は最長を設定

❹【口座区分】特定を選択　※NISAの場合を除く

❺【決済方法】円貨決済を選んだ場合、ドルの買い付けと、米国株の購入、両方を実行してくれます

5 暗証番号を入力して、取引完了

米国株って、1株から買えるのがすごく嬉しいね

さぶセレクト

高配当が期待できる

注目の6銘柄

エクソンモービル

世界最大の総合エネルギー企業。大手の石油会社としてエッソやモービルなどのブランドで知られています。全世界に原油や天然ガスを展開し、石油精製能力は世界最大級。燃料や化学品の精製力、販売力までを備えます。

ティッカー	XOM
株価	54.87ドル(6036円)
1株あたり配当	3.48ドル(383円)
配当利回り	6.31%

IBM

世界170か国以上で事業を展開する多国籍企業。企業向けのIT構築やソフトウェア開発を手掛けます。不採算部門の撤退を実施し、利益率の高いITサービスに力を入れています。クレジットカードの取引管理なども行っています。

ティッカー	IBM
株価	139.58ドル(1万5354円)
1株あたり配当	6.56ドル(722円)
配当利回り	4.68%

スリーエム

多国籍の複合企業。付箋の「ポスト・イット®」やセロハンテープなど文房具のイメージが強いですが、自動車・電気・電子・交通など幅広い分野で事業を展開。5万5000種以上の製品を扱っています。63年連続で増配。

ティッカー	MMM
株価	194.39ドル(2万1383円)
1株あたり配当	5.92ドル(651円)
配当利回り	3.03%

※2021年9月3日現在。1ドル＝110円にて計算

コカ・コーラ

ソフトドリンクで世界最大級の飲料メーカー。200を超える国と地域の小売り店や飲食店で「コカ・コーラ」を筆頭に「ファンタ」や「スプライト」のブランドで販売されています。59年間連続で増配しているのも魅力です。

ティッカー KO
株価 56.73ドル(6240円)
1株あたり配当 1.68ドル(185円)
配当利回り 2.95 %

プロクター・アンド・ギャンブル

「P&G」の略称で知られる、世界最大の日用品メーカー。日本人の生活に密着した商品も多数展開しています。おむつの「パンパース」、ヘアケアの「パンテーン」、洗剤の「アリエール」、スキンケア「SK-II」などが有名です。

ティッカー PG
株価 144.05ドル(1万5846円)
1株あたり配当 3.47ドル(382円)
配当利回り 2.41 %

ジョンソン・エンド・ジョンソン

「医療品」「医療機器」「日用品」の3つで構成される、世界最大のヘルスケア関連の多国籍企業です。特に、医療機器では世界首位。新型コロナウイルスのワクチンを開発する医薬品部門も好調で、成長を続けています。

ティッカー JNJ
株価 175.04ドル(1万9254円)
1株あたり配当 4.24ドル(466円)
配当利回り 2.42 %

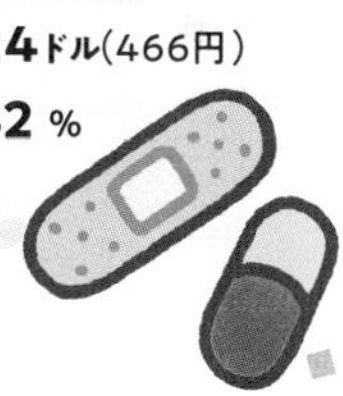

※1株あたり配当は、直近支払われた配当金額(又は会社発表により支払いが確定した配当金額)を年率換算した金額。配当利回りは、1株あたり配当金額を前営業日終値(又は最終値)で割った値

さぶセレクト

成長していく株価に注目の6銘柄

アップル

パソコンとその周辺機器などを扱う、多国籍企業。スマートフォン「iPhone」が売り上げの大半を占め、強力なブランド力を武器に、高い収益を上げています。「Apple Pay」をはじめ、新サービスも続々とリリースしています。

ティッカー	AAPL
株価	154.3ドル（1万6973円）
1株あたり配当	0.88ドル（97円）
配当利回り	0.57％

アルファベット（クラスA）

インターネット業界のなかでも、世界最大の複合企業。「グーグル」の持ち株会社で、「ユーチューブ」も傘下のひとつです。金融業への参入など、新規事業にも積極的。2021年4～6月期の純利益が2兆円と、高利益体質です。

ティッカー	GOOGL
株価	2874.79ドル（31万6227円）
1株あたり配当	—
配当利回り	—

フェイスブック

月間アクティブユーザー29億人（2021年6月現在）と、多くのSNSのなかでも全世界のユーザー数がずば抜けて多い「フェイスブック」を運営しています。ほかには、「インスタグラム」も。広告収入が全体の9割以上を占めています。

ティッカー	FB
株価	376.26ドル（4万1389円）
1株あたり配当	—
配当利回り	—

※2021年9月3日現在。1ドル＝110円にて計算

スターバックス

日本でも大人気の「スターバックスコーヒー」を展開しています。全世界での店舗数は、約3万3000店。コーヒーを主力とした商品の売り上げは、70%をアメリカが占めています。コロナ禍でも黒字を維持し、堅調です。

ティッカー	SBUX
株　価	117.19ドル（1万2891円）
1株あたり配当	1.80ドル（198円）
配当利回り	1.53 %

コストコホールセール

有料会員制、倉庫型の小売りチェーン。全世界で810倉庫店、うち日本では30倉庫店（2021年7月現在）を運営しています。食品、服、小型家電のほか、薬品、メガネやコンタクトなども販売。ネット通販も展開中です。

ティッカー	COST
株　価	462.55ドル（5万881円）
1株あたり配当	3.16ドル（348円）
配当利回り	0.68 %

ナイキ

スポーツ関連商品を扱うなかでも世界最大級の、多国籍企業。靴の売り上げが、全体の半分以上を占めています。委託生産方式を採用し、自社の工場をもたないことで、無駄な在庫をもたずに、高利益体質を維持しています。

ティッカー	NIKE
株　価	163.29ドル（1万7962円）
1株あたり配当	1.1ドル（121円）
配当利回り	0.67 %

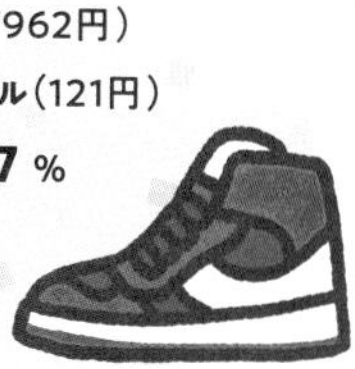

※1株あたり配当は、直近支払われた配当金額（又は会社発表により支払いが確定した配当金額）を年率換算した金額。配当利回りは、1株あたり配当金額を前営業日終値（又は最終値）で割った値

株価チャートを見る時はこれだけは押さえて

株式のことを勉強する時には、必ずと言っていいほど「決算書」の見方についても触れられています。決算書とは各社が事業についての数字を細かく示したものです。

私はどうかというと、決算書は見ていません！　正直、そんなにわかっていません…。

むしろ、**決算書を見なくてもいいように、ここまでに書いてきたようなステップで安心できる企業の株式を選んでいます**。

チャート（株価の推移をまとめたグラフ）をチラッと見るくらいです。これもなかなか深い世界ですが、ぜんぶ読み取ろうとしなくても大丈夫です。次の要素だけ押さえておきましょう。

・移動平均線

短期、中期、長期と、それぞれ終値の平均を色別に示したグラフ。長期で見た時に、**全体的になだらかに右肩上がり**になっていればＯＫです。

・ゴールデンクロス

短期の移動平均線が長期の移動平均線を下から上へつき抜けている交差ポイントのこと。**株価上昇のシグナル**です。

One Point Advice

チャートを本気で勉強している証券マンは意外と少ない。参考程度と思って、徐々に慣れていきましょう

ゆる投資派のための株価チャート解説

チャートで、"よさそうなタイミング"をチェックします。

株価チャートは3つの要素からできています

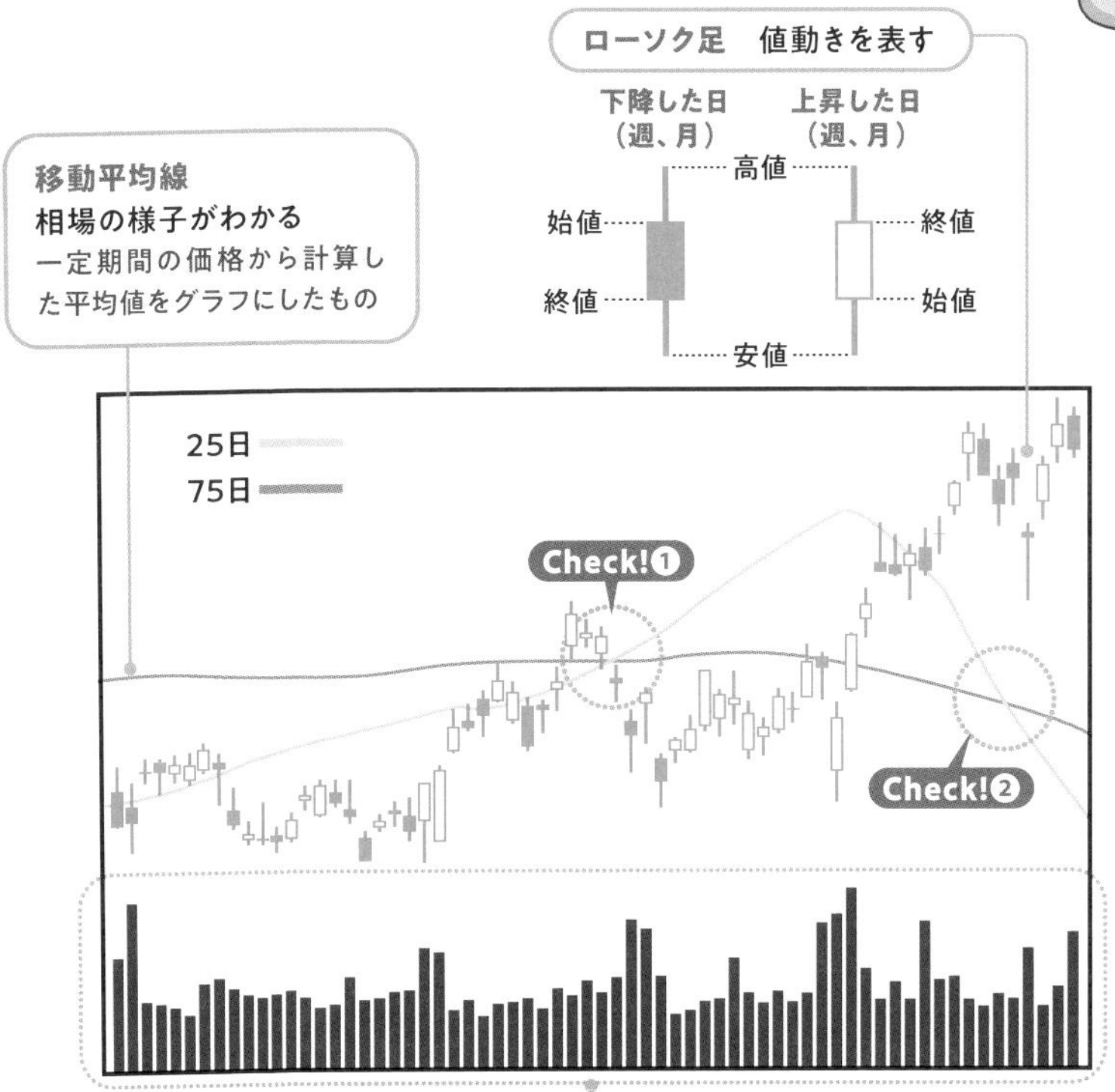
出来高　注目度が知りたい時に
売買高とも言い、取引された量を表す

Check!①

上昇トレンド「ゴールデンクロス」

短期（25日）の移動平均線が長期（75日）の移動平均線を、下から上へ突き抜けること。「買い」のサインで投資のチャンスです。

Check!②

下降トレンド「デッドクロス」

短期（25日）の移動平均線が長期（75日）の移動平均線を、上から下へ突き抜けること。株価が下がる傾向で、「売り」のサインです。

「成行」「指値」の使い分けを知っておこう

株式の売買には、ふたつの方法があります。「**成行**《なりゆき》」と「**指値**《さしね》」です。

成行……株価を指定しないで、買いたい・売りたい時に、その時の株価で売買する。
指値……株価を指定して注文し、その値段になったら自動的に売買する。

成行と指値のどちらがよいかは一概に言うのは難しいのですが、私は**「どうしても買いたい」と思う株式なら成行**にします。指値にすると、その株価にならないと買えないからです。

注文のタイミングで見ている株価を指値にしたり、それよりも10～20円下げたところを指値にしたりします。

なぜわざわざそうするかというと、大型株ではあまりないのですが、稀に需要も供給も少ない株式の場合は、数百円、数千円単位で瞬時に株価が上がったりすることがあるからです。

たとえば成行の場合、見ている株価が1000円だとします。
そこに1200円で売りたい人が最初に現れると株価は1200円になります。日本株なら

100株単位で買うので、10万円で購入しようと思っていたものが一気に12万円となります。それを1000円で指値をしておくと、1000円で売った人が現れた時にいちばんに買えることになるんです。

大型株ではあまりないケースではありますが、一応、知っておいてください。

ところで、株式にも税金と手数料がかかります。

税金は、利益に対して20・315%です。**一般NISAの枠内なら、これが非課税**になります。

手数料は売買手数料と口座手数料で、証券会社によって異なります。

売買手数料は「売買単位」「1日定額制」のどちらかを指定できます。私は**頻繁に売り買いしないので売買単位**にしています。

口座手数料は、ほとんどのネット証券は無料です。

株式を買ったあとは、基本的に何もしません。私の場合、短期的な値上がり益はそれほど重視していないからです。株価は、証券会社のスマートフォンサイトやアプリをたまに見るほか、株主優待券が届いた時に見るぐらいです。

株価を見たところで、上がっているからといって売るわけでもなく、下がっているからといって慌てるわけでもなく。「値動きは常にあるものだ」と腹をくくって置いておきます。

One Point Advice

「この企業を愛せる」と確信を持てる株式なら欲しい時が買い時。指値という便利な仕組みも利用できます

株式の売買注文の状況がわかる、板

板で株価を確認し、焦らず賢く、株式を購入しましょう。

株式の売買の基本

☑ 売りたい人、買いたい人がいて初めて成立する
☑ 売る人と買う人の値段が合致して、売買が成立

注文法1 成行

A社の株式を今、買いたい。
ちょっと値があがったけど、
1株1050円で買えたー

現在の株価
1000円

成行は買値や売値を指定しないため、ほぼ確実に取引ができます。ニュースで話題になった企業では、買いたい人や売りたい人がどちらかに殺到し、売買が成立しないこともあります。

注文法2 指値

A社の株式を、800円で買いたい。
指定した期間中に
値が下がることがなくて、買えなかったー

現在の株価
1000円

指値は、金額を指定して注文を出すことです。指定した株価より好条件なら買う（売る）となります。また、いつまでの間に売買したいのか、期間も設定できます。

	メリット	デメリット
成行	指値注文より優先されるので、確実に売買できる	高く買ったり、安く売れたりと、価格的に不利な場合がある
指値	指定した金額での売買のため、予想外の損益にはならない	状況によっては、金額が合わず売買が成立しないこともある

▶ 売買注文の優先順位は、成行注文、価格、時間の順です。買い注文では高い金額の注文が優先され、売りの注文では低い金額の注文が優先されます。同じ金額の注文は、先に注文した方が優先されます。

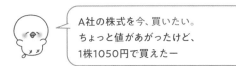

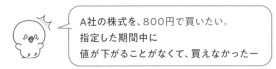

▶売買取引には板が活躍

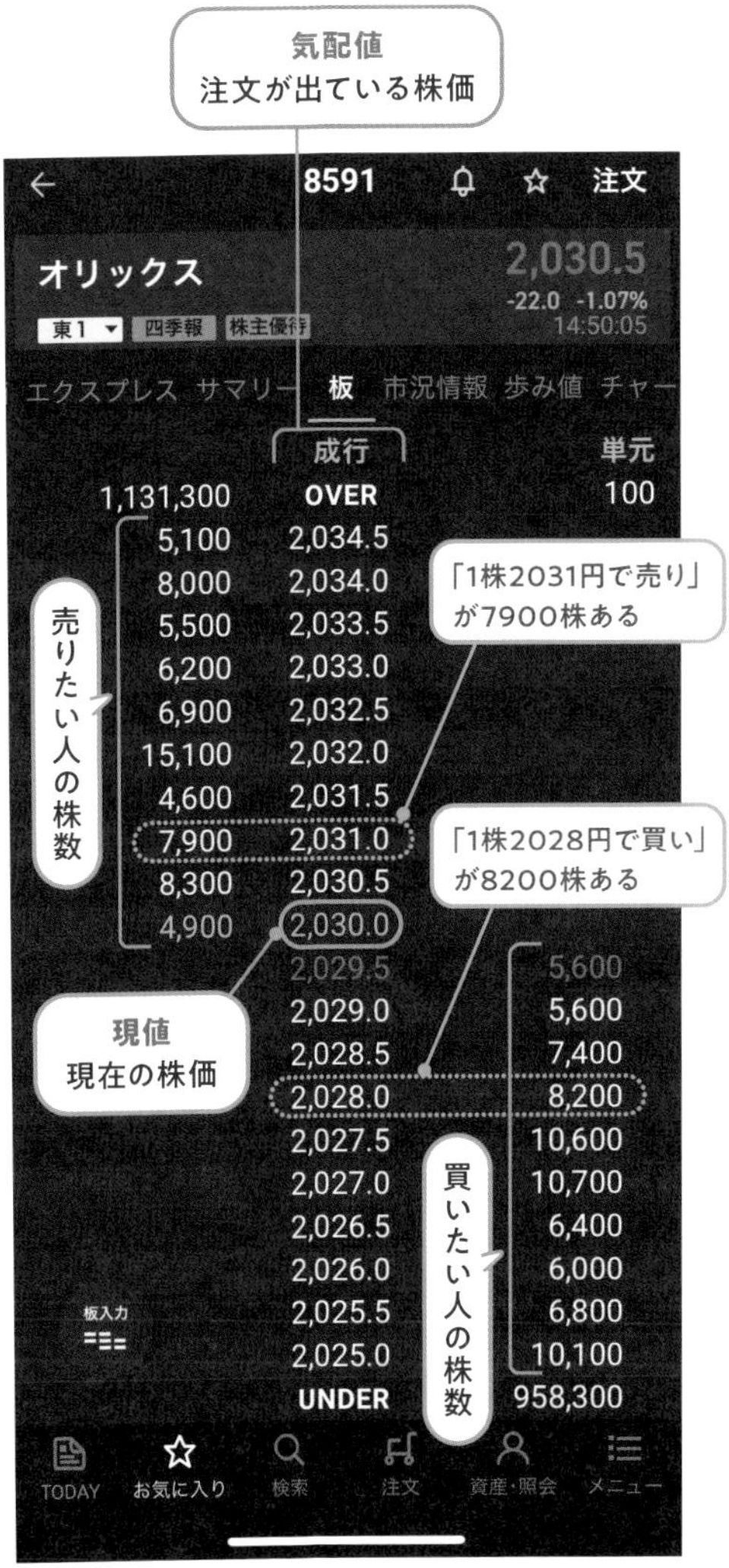

気配値
注文が出ている株価
8591
注文
オリックス
2,030.5
-22.0 -1.07%
14:50:05
東1
四季報
株主優待
エクスプレス サマリー 板 市況情報 歩み値 チャー
成行
単元
1,131,300 OVER 100
5,100 2,034.5
8,000 2,034.0
5,500 2,033.5
6,200 2,033.0
6,900 2,032.5
15,100 2,032.0
4,600 2,031.5
7,900 2,031.0
8,300 2,030.5
4,900 2,030.0
2,029.5 5,600
2,029.0 5,600
2,028.5 7,400
2,028.0 8,200
2,027.5 10,600
2,027.0 10,700
2,026.5 6,400
2,026.0 6,000
2,025.5 6,800
2,025.0 10,100
UNDER 958,300
売りたい人の株数
「1株2031円で売り」が7900株ある
「1株2028円で買い」が8200株ある
現値
現在の株価
買いたい人の株数
板入力
TODAY お気に入り 検索 注文 資産・照会 メニュー

※例：楽天証券

売買の取引状況をリアルタイムで確認できる「板」の見方を知っておくと便利です

今、200株で買いの成行を出したら、2030円で買えるね

私は2025円で200株、買いの指値注文を、3週間出しておくことにします

Check!

☑ 株式を買う時のコストと税金

売買手数料

売買するごとに手数料（金融機関で異なる）がかかります。

税金

譲渡益に対して、20.315%の税金がかかります。

＊NISAの非課税枠内であれば、税金はかかりません。

ある店頭証券では100万円の株式の注文でかかる手数料は、7000円強。楽天証券では「いちにち定額コース」を利用すると0円だったり。ネット証券って、コスト面で非常に魅力的です

利益を確定したい時の、株式の3つの売り方

株式は売らないと利益を確定できません。株価がだいぶ上がっていたのに利益を確定しなかったという苦い思い出があるので、**ある程度のラインを決めて指値をしておく**ようになりました。

私が知っている富裕層の方やプロの方は「2割上がったら売る」「1割下がったら売る」というように**機械的にルールを決めている方も多く、そういう方は最終的に勝ち続けています**。

私はどうかというと、あまりルールは決めていません。

なぜなら、もともと半値になっても持ち続けたいと思えるほどの会社の株を買っているので、株価が下がったら、同じ会社の株式を「安いうちにもっと買いたい」と思うからです。

ルール決めでも指値でもよいのですが、**「上がったら嬉しい」「下がったら怖い」**などと感情に**よって売り買いするのだけはやめたほうがいい**です。特に損をしそうな時はすぐに手放したくなるものです。これを「狼狽売り」と言って、絶対にしてほしくない行為です。

もちろん、私も損切りしたことはあります。でも、それが勉強になって次の投資に生かせます。

今はまだ、老後までに時間があります。今のうちにこうして小さく練習しておけば、いざまとまったお金を手にした時には、上手に投資しながら豊かに暮らせると信じています。

One Point Advice

年いちどくらい利益を確定できたら十分です。マックスに利益を得るというより5万円でも儲けられたら幸せ

売るか保有するか、株式との付き合い方

買うより売るのが難しい株式。ゆる投資派におすすめの売り方は？

1 指値で売る

売れたら嬉しい（ちょっと得する）と思う金額を決めて、期間を最長にして指値をします。
指値を入れたら、あとはほったらかしでOK。

注意
- 企業の決算をまたぐことはできないので、期間は長く指定できる時と短い時があります。
- 指値できる金額は、現在の株価から上下の幅が決まっていて、その価格を超えての指定はできません。

2 逆指値を使う

逆指値とは、「○○円以下で買う」「○○円以上で売る」という指値と逆の注文方法。
利益を確保したい時や損を最小限に抑えるたい時に活用します。

Case 1 損失を最小限に抑える

損失が大きくならないように、下がり始めた時に売る手法です。「現在1400円の銘柄が、1360円まで下がったら売る」という逆指値注文になります。

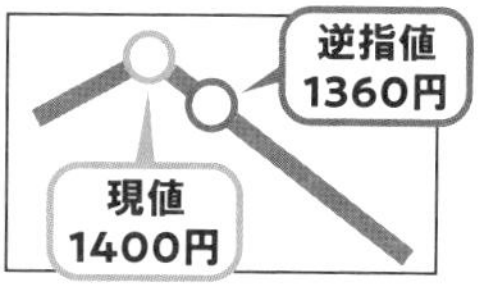

Case 2 確実に利益を得る

上昇中の保有銘柄が下がり始めた時、売ることで利益を確定できます。「1000円で買った銘柄が1250円になったけど、1200円に下がったら売る」という注文を出します。

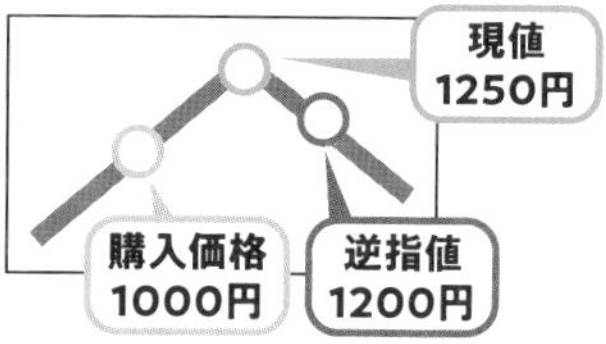

3 一部だけ売る

どうしても利益が気になってソワソワしてしまう時は、持っている株式の一部だけを、
指値や逆指値で利益確定してしまうのもひとつの手です。

株価などを見て悩んだ時は、ここで売れたら
ちょっと嬉しいという価格を指値しておくのも、
ゆるーく投資と付き合うコツです

米国株を買ったときに、
ちょっと得が出る金額で
売りの指値注文を入れておいてほったらかし。

気づいたら、
売れていたことも！

epilogue

「お金に興味があったけど、お金に恵まれなかった」
この言葉が20代の私にはぴったりだと感じます。

30歳になるまで、働いても働いてもお金の不安から逃がれられず、
常に漠然とした不安を抱えた毎日でした。
私が中学生の時に親がサラリーマンから自営業に転身し、不安定な生活に。
さらに、父は私が30歳になる前に死去したため
経済的な後ろ立てがないことが不安の原因でした。

そんななか、仕組みで続けていた確定拠出年金がむくむくと成長していました。
一獲千金を目指したFXより、ほったらかしなのに、勝手に増えて成績優秀！

少額で気がつかなかったのですが、まとまった金額になって振り返った時に
証券会社勤務時代で勉強した、セオリー通りの
「感情に左右されず、コツコツ投資する」、これがいちばん強いんだ、と悟りました。

今は10年前の当時よりもNISAやiDeCoが誕生して
税制面でも優遇されています。

ネット証券の台頭で、手軽に始められ、手数料が安い時代となり、
お金持ちでない私たちにとって最高の投資環境となりました。

この本には、私が失敗と葛藤の先にたどり着いた
「なんだ、ほったらかしでも投資ってうまくいくんだ！」
というエッセンスを詰め込みました。
読んでくださった皆さんの気づきとなり、
将来のお金の不安が解消されたら、すごく嬉しいです。

投資って、ゆるゆるでいいんです。
ほったらかしながら、スマホ片手で続けられるゆる投資を
皆さんも実践していただけたら幸いです。
インスタグラムでは、引き続きお金や生活の情報を発信していきます。
また、皆さんにお会いできるのを楽しみにしています。

２０２１年９月　さぶ

さぶ

フルタイムで働く2児のワーキングマザー。
某国立大学経済学部を卒業し、野村證券株式会社に総合職として入社。その後、もっとも気に入っていた株銘柄のIT企業に転職する。20代はお金に恵まれず、親の事業の借金返済に追われ、一発逆転を夢見たFXで損失を経験。借金を完済した結婚後は浪費家に転身し、頭金ゼロで住宅を購入。出産を機に、培った知識をもとに家計の立て直しと資産形成に力を入れ、教育資金とゆる投資で資産1000万円を突破した。
「心をすり減らさない」をモットーに、家計管理と資産運用を仕組み化。目標は老後を配当収入で暮らすこと。自身の暮らしや経験を随時、発信しているインスタグラムは、2021年9月現在フォロワー24万を超える人気アカウントに。FP2級取得。

インスタグラム　https://www.instagram.com/sabu_1985
ツイッター　https://twitter.com/sabu_1985

元証券《もとしょうけん》ウーマンの資産運用《しさんうんよう》の話《はなし》
お金《かね》が増《ふ》える「ゆる投資《とうし》」デビュー

2021年10月１日　初版発行
2021年12月25日　４版発行

著　者　さぶ
発行者　青柳 昌行
発　行　株式会社KADOKAWA
〒102-8177 東京都千代田区富士見2-13-3
TEL 0570-002-301（ナビダイヤル）

印刷所　凸版印刷株式会社

●お問い合わせ
https://www.kadokawa.co.jp/
（「お問い合わせ」へお進みください）
＊内容によっては、お答えできない場合があります。
＊サポートは日本国内のみとさせていただきます。
＊Japanese text only

©sabu2021　Printed in Japan　ISBN 978-4-04-897076-1　C0077